21 世纪高校机电类系列教材

工程制图习题集

第 2 版

主　编　仝基斌　冯秋官
副主编　晋　萍　刘亚娟
　　　　张巧珍　俞金众　卢旭珍
参　编　饶思贤　陈　栩　郑雄胜
　　　　薛天跃　张晓芹
主　审　陆国栋　董国耀

机械工业出版社

本习题集是根据21世纪高校机电类系列教材编审委员会提出的修订要求而编写的,适用于非机械类各专业,与冯秋官、仝基斌主编的《工程制图》(第2版)教材配套使用。

习题集的内容编排与教材一致,考虑到非机械类各专业类型不同,在选题上力求符合学生的认知规律,由浅入深,循序渐进,逐步提高;在内容上,在选题上点、线、面、组合体、机件表示法,零件图的题型较为丰富,并增加了构形设计和三维造型方面的内容,在保证课堂教学基本要求的前提下,习题在选题数量和难度上留有余地,供师生根据教学时的多少来选用。

本习题集可作为普通高等工程教育非机械类各专业的基础课教材,也可供电视、函授等其他类型学校有关专业使用,还可供其他专业师生和有关工程技术人员参考。

图书在版编目(CIP)数据

工程制图习题集/仝基斌,冯秋官主编. —2版. —北京:机械工业出版社,2010.7
(2025.6重印)
21世纪高校机电类系列教材
ISBN 978-7-111-31191-1

Ⅰ.①工… Ⅱ.①仝…②冯… Ⅲ.①工程制图-高等学校-习题 Ⅳ.①TB23-44

中国版本图书馆CIP数据核字(2010)第127327号

机械工业出版社(北京市百万庄大街22号 邮政编码100037)
策划编辑:刘小慧 责任编辑:刘小慧
封面设计:张 静 责任印制:郜 敏
三河市国英印务有限公司印刷
2025年6月第2版第11次印刷
260mm×184mm · 7.25印张 · 180千字
标准书号:ISBN 978-7-111-31191-1
定价:23.50元

电话服务 网络服务
客服电话:010-88361066 机 工 官 网:www.cmpbook.com
010-88379833 机 工 官 博:weibo.com/cmp1952
010-68326294 金 书 网:www.golden-book.com
封底无防伪标均为盗版 机工教育服务网:www.cmpedu.com

21世纪高校机电类系列教材

编 审 委 员 会

顾　　问：李培根　　华中科技大学

主　　任：左健民　　江苏技术师范学院

副主任：童幸生　　江汉大学
　　　　　郑　堤　　浙江大学宁波理工学院
　　　　　徐格宁　　太原科技大学
　　　　　陈　明　　北华航天工业学院
　　　　　党新安　　陕西科技大学
　　　　　胡　琳　　深圳大学
　　　　　刘全良　　浙江海洋学院
　　　　　马　光　　温州大学
　　　　　张世亮　　湛江海洋大学
　　　　　方庆琯　　安徽工业大学
　　　　　邓海平　　机械工业出版社

　　　　　王　华　　长春工程学院
　　　　　仝基斌　　安徽工业大学
　　　　　朱志宏　　福建工程学院
　　　　　刘小慧　　机械工业出版社
　　　　　刘申全　　中北大学分校
　　　　　刘镇昌　　山东大学
　　　　　张　茂　　西南石油学院
　　　　　李子琮　　厦门理工学院
　　　　　李建华　　中原工学院
　　　　　李洪智　　黑龙江工程学院
　　　　　赵康清　　宁波工程学院
　　　　　赵先仲　　北华航天工业学院
　　　　　夏凤芳　　上海电机技术高等专科学校
　　　　　顾晓勤　　电子科技大学（中山）
　　　　　倪少秋　　机械工业出版社

委　　员：（按姓氏笔画排序）
　　　　　王卫平　　东莞理工大学

序

为了适应我国制造业的迅速发展的需要，培养大批素质高、应用能力与实践能力强的应用综合型人才已成为当务之急。这同时对高等教育的办学理念、体制、模式、机制和人才培养等方面提出了全新的要求。

为了打通新形势下高等教育和社会需求之间的瓶颈，中国机械工业教育协会机电类学科教学委员会和机械工业出版社联合成立了"21世纪高校机电类系列教材"编审委员会，本着"重基本理论、基本概念，强化过程推导，突出工程应用"的原则，组织教材编写工作，并力求使本套教材突出以下特点：

（1）科学定位。本套教材主要面向应用的综合型人才的培养，既不同于培养研究型人才的教材，也不同于一般应用型本科的教材；在保持高等技术水准的基础上，突出工程应用，强调创新思维。

（2）品种齐全。本套教材设有"力学"、"制图"、"设计"、"数控"、"控制"、"实训"、"材料"、"双语"等模块，方便学校选用。

（3）立体化程度高。教材均要求配备CAI课件和相关的教辅材料，以便于师生使用。

机械工业出版社是我国成立最早、规模最大的科技出版社之一，是国家级优秀出版社，是国家高等教育出版基地之一。相信这套教材在中国机械工业教育协会机电类学科教学委员会和机械工业出版社的精心组织下，通过全国几十所学校的老师的仔细认真的编写，一定能够为我国高等教育应用综合型人才的培养提供更好用、更实用的教材。

教育部·机械工程及自动化专业分教学
指导委员会·主任
中国机械工业教育协会·高等学校机械
工程及自动化学科教学委员会·主任
李培根
于华中科技大学
中国工程院院士

前 言

本习题集是根据 21 世纪高校机电类系列教材编审委员会提出的修订要求而编写的，适用于非机械类各专业，与冯秋官、仝基斌主编的《工程制图》（第 2 版）教材配套使用，也可供其他应用型本科院校非机械类各专业工程制图教材配套使用，还可供职业技术类院校有关专业和有关工程技术人员使用参考。

本习题集的内容编排与教材一致，考虑到非机械类各专业类型不同，在选题上，力求符合学生的认知规律，由浅入深，循序渐进，逐步提高；在内容上，点、线、面、组合体、机件表示法、零件图的题型较丰富，并增加了构形设计和三维造型的内容。在保证课堂教学基本要求的前提下，习题在选题数量和难度上留有余地，供教师生根据学时的多少来选用。

在习题集编写时，注意工程图学教学改革的新要求，广泛听取了读者的意见和建议，努力体现应用型本科教学的特色；加强组合体的构形设计和使用造型软件进行基本体和简单组合形体造型的有关内容，培养学生的三维思维能力，重视读图和画图能力的训练；适当降低截交线、相贯线和工程图样的难度要求；贯彻了最新的《技术制图》和《机械制图》国家标准。加有 " * " 的题目为选作题。

本习题集由仝基斌、冯秋官主编，晋萍、刘亚娟任副主编。参加编写工作的有张巧珍、俞金众、卢旭珍、饶思贤、陈栩、郑雄胜、薛天跃、张晓芹。

浙江大学陆国耀国标教授、北京理工大学董国耀教授仔细审阅了全书。安徽工业大学工程图学教研室的教师阅读了书稿，并提出许多宝贵的意见和建议，在此一并表示衷心感谢。

限于编者水平，书中难免存在错误和不足，恳请广大读者批评指正。

编者的联络方式：tongjibin@ahut.edu.cn

编 者

目 录

序
前言
第一章 制图的基本知识 …… 1
第二章 正投影基础 …… 6
第三章 基本体及其表面交线 …… 17
第四章 轴测图 …… 32
第五章 组合体 …… 36
第六章 图样的基本表示法 …… 58
第七章 图样的特殊表示法 …… 73
第八章 零件图 …… 81
第九章 装配图 …… 89
第十章 其他工程图样 …… 97
第十一章 计算机绘图基础 …… 101
期中自测试题 …… 107
参考文献 …… 110

第一章 制图的基本知识

1-1 字体练习

工程学作业国家标准数量材料比例姓名

字体工整笔画清楚间隔均匀排列整齐横平竖直填满方格

a b c d e f g h i j k l m n o p q r s t u v w x y z

0 1 2 3 4 5 6 7 8 9 φ 3 0 0 1 2 3 4 5 6 7 8 9 φ 3 0

1-2 线型练习

在右侧空白处抄画图形。

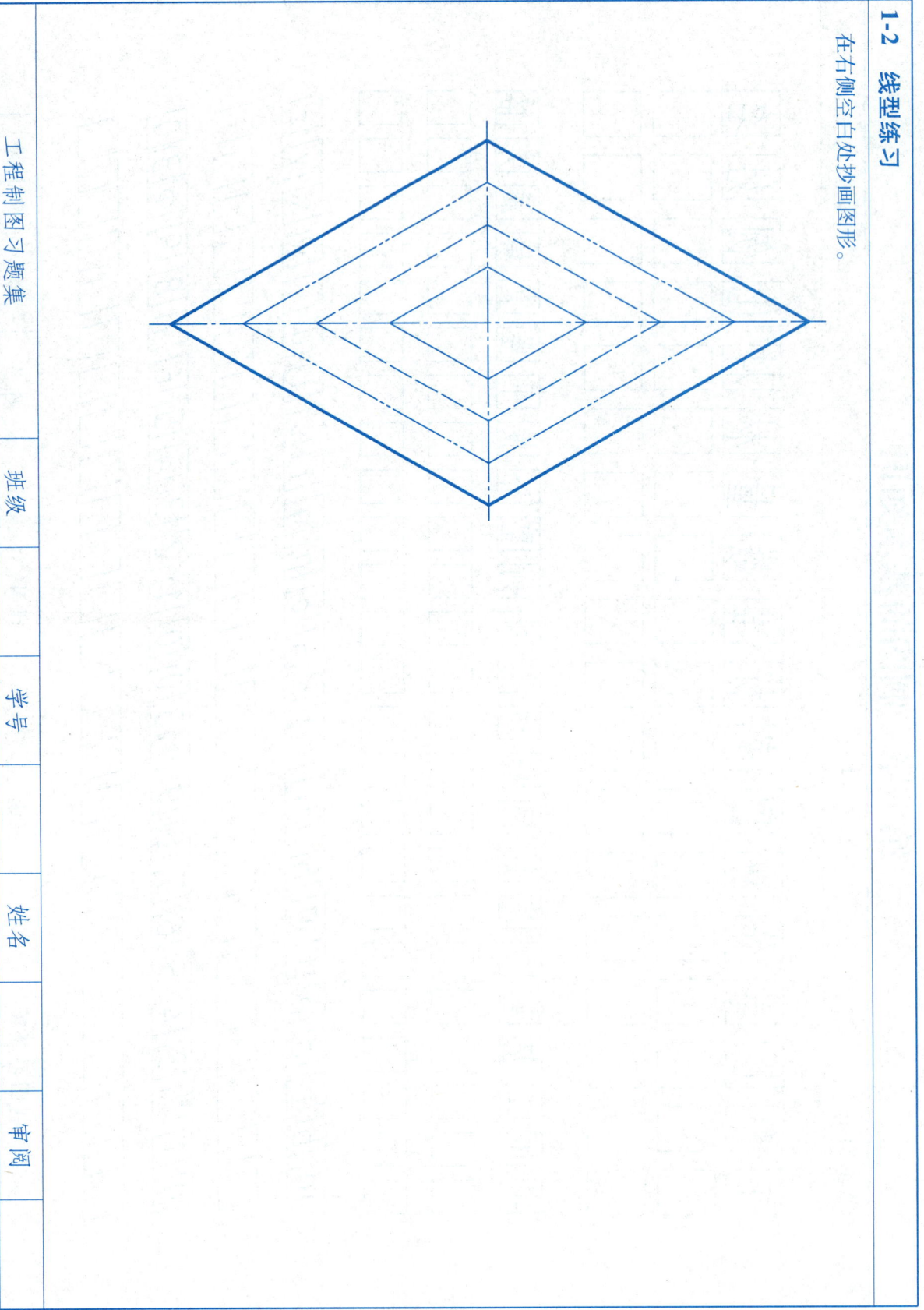

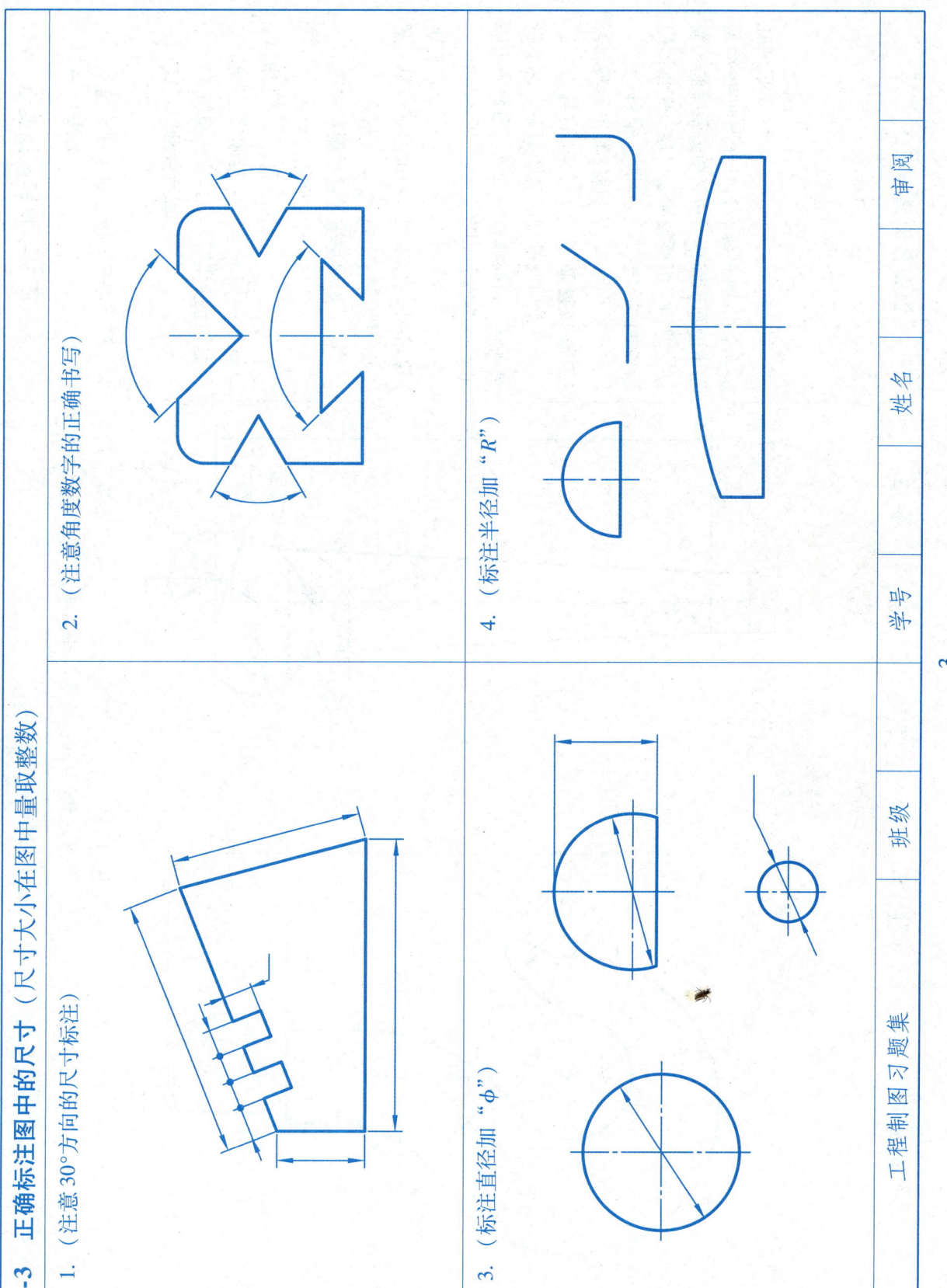

1-4 平面图形绘制大作业（一）

一、目的

掌握平面图形作图的方法、技巧和尺寸注法。

二、内容与要求

1. 用图板、丁字尺和绘图仪器分别按图示比例将下列平面图形绘制在A3图纸上，并标注尺寸。

三、绘图步骤及注意事项

1. 分析尺寸和线段，确定作图步骤。进行合理布局，作出对称中心线或轴线位置。

2. 绘制底稿（先画已知线段，再画中间线段，最后画连接线段。圆弧连接应找出连接圆弧的圆心和切点）。

3. 标注尺寸（箭头要符合规定，尺寸标注正确完整）。

4. 检查、加深（加深时，同类线型应粗细一致，先加深圆弧，后加深直线。圆弧连接应光滑。点画线应超出轮廓线3mm左右；尺寸界限超出尺寸线3mm左右）。

1. 将下列两个平面图形按比例绘制在A3图纸上。
   (1) 扳手
   (2) 吊钩

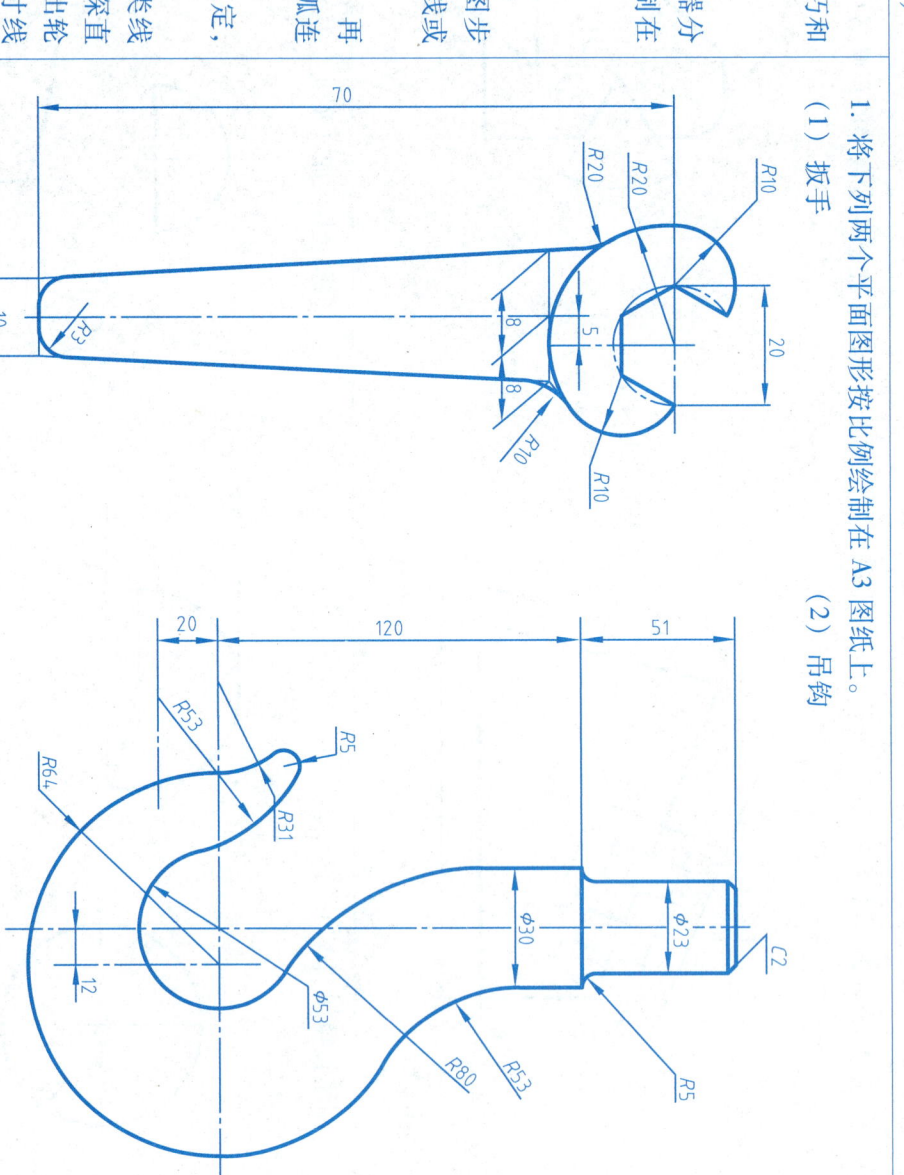

比例 2:1

比例 1:1

1-4 平面图形绘制大作业（二）

2. 按比例将下图绘制在 A3 图纸上。

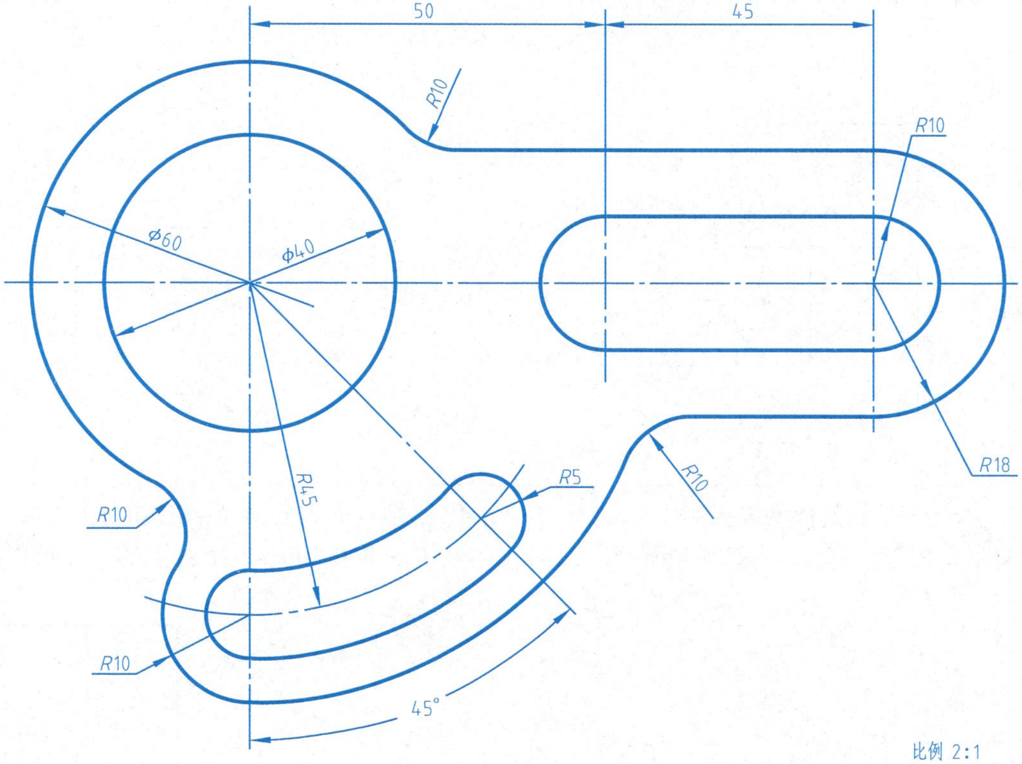

比例 2:1

工程制图习题集

第二章 正投影基础

2-1 点的投影

1. 已知点 A, B, C, D 的两面投影，求各点第三投影，并填空。

点 A 在___面上，点 B 在___面上，点 C 在___面上，点 D 在___轴上。

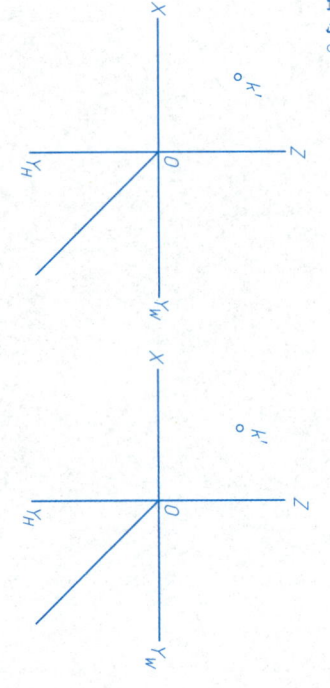

2. 已知点 A (25, 15, 20), B (15, 0, 15), C (20, 15, 0)，求各点的三面投影。

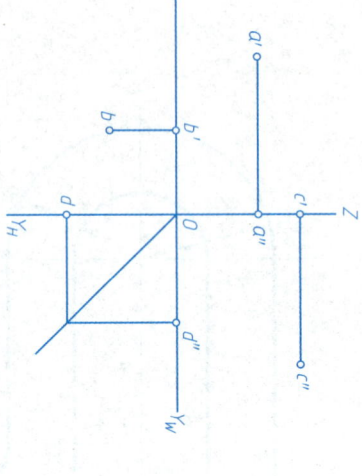

3. 已知点 K 的正面投影 k′，求点 K 的其他两面投影。(1) 点 K 到 H 面、V 面的距离相等。(2) 点 K 到 V 面、W 面的距离相等。

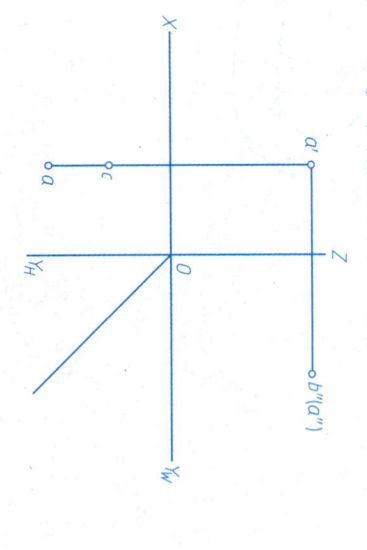

4. 已知点 B 与点 A 距离 10mm，点 C 与点 A 在 V 面重影，点 D 在点 A 正下方 10mm，求各点的三面投影。

| 工程制图习题集 | 班级 | 学号 | 姓名 | 审阅 |

2-2 直线的投影（一）

1. 求线段 AB 的第三投影，标注倾角，并判别直线的空间位置。

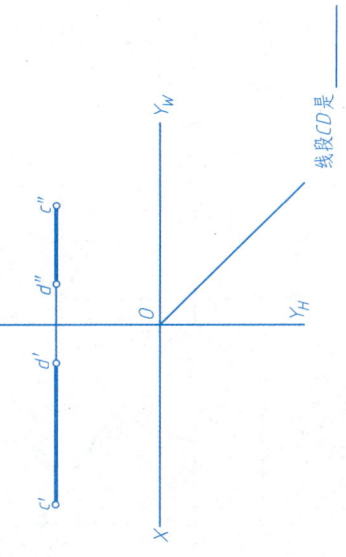

线段 AB 是 _____ 线

2. 求线段 CD 的第三投影，标注倾角，并判别直线的空间位置。

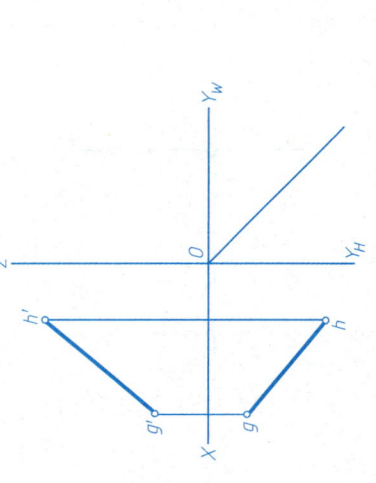

线段 CD 是 _____ 线

3. 求线段 EF 的第三投影，并判别直线的空间位置。

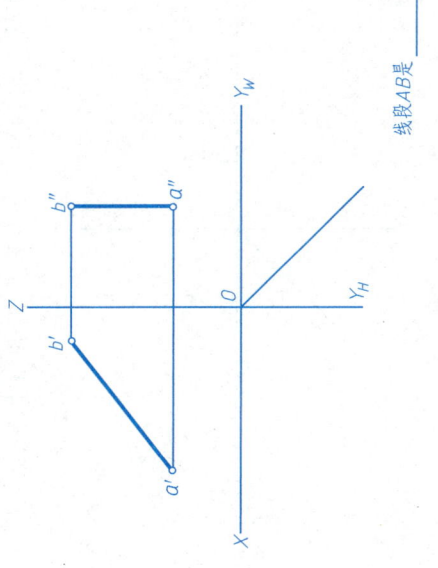

线段 EF 是 _____ 线

4. 求线段 GH 的第三投影，并判别直线的空间位置。

线段 GH 是 _____ 线

2-2 直线的投影（二）

5. 判断下列投影图中线段 AB 是否反映实长（在横线上写出是或否）。

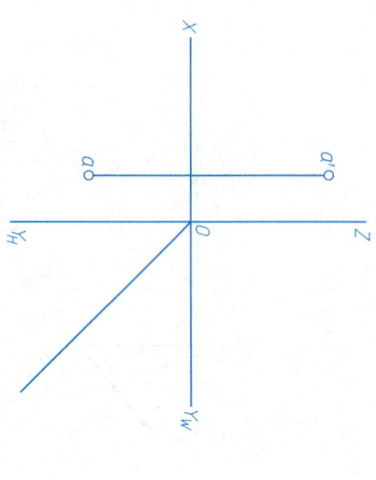

_____   _____   _____

6. 过点 A 作正平线 AB，点 B 在点 A 的左下方，AB 对 H 面的倾角 α = 60°，AB = 15mm，过点 A 作侧垂线 AC，点 C 在点 A 的正左方，AC = 15mm。

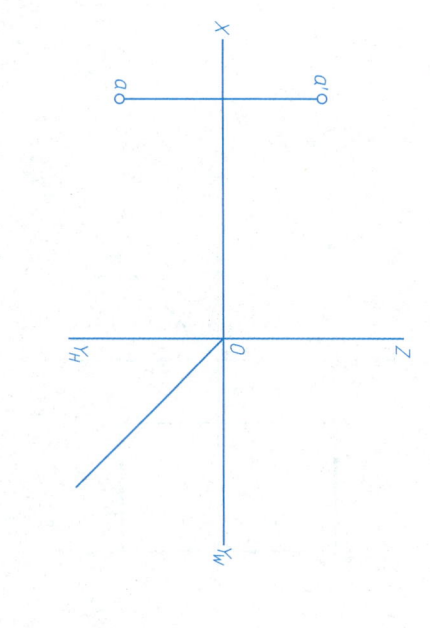

7. 已知点 A，作线段 AB 的投影，AB 实长为 15mm。

(1) AB // V 面，α = 45°，点 B 在点 A 的右上方。

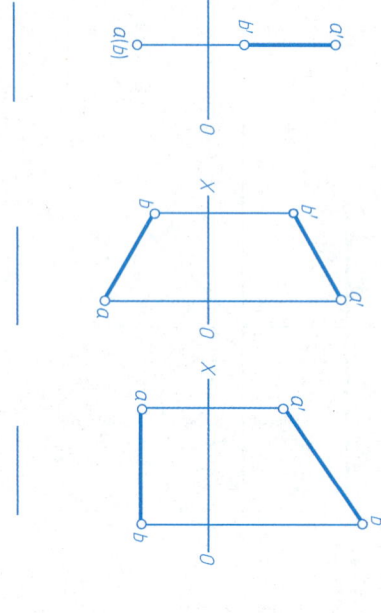

(2) AB ⊥ W 面，点 B 在点 A 的右方。

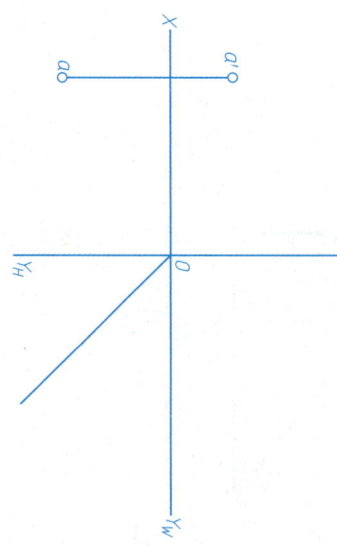

2-3 直线上取点

1. 判断下列各图中的点 K 是否属于线段 AB（在横线上写出是或否）。

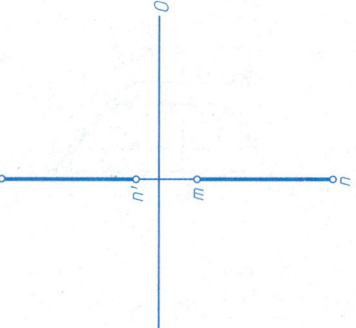

2. 在直线 MN 上取一点 A，使其距 H 面为 15mm，作出点 A 的二面投影。

3. 在已知线段 AB 上求一点 M，使 AM:MB = 1:2，求作点 M 的两面投影。

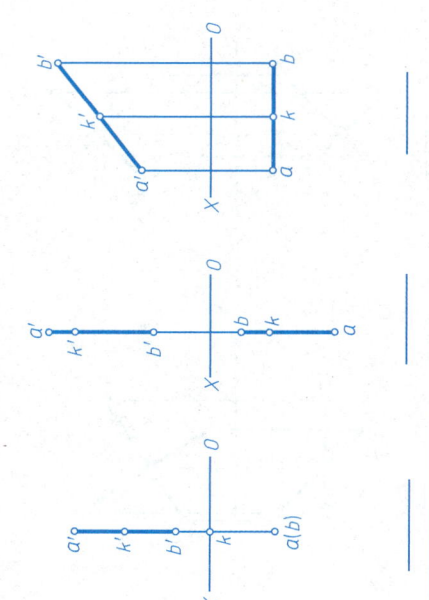

*4. 已知直线 AB 与直线 CD 交于点 B，AB 对 H 面的倾角 α = 30°，求作 AB 的两面投影。

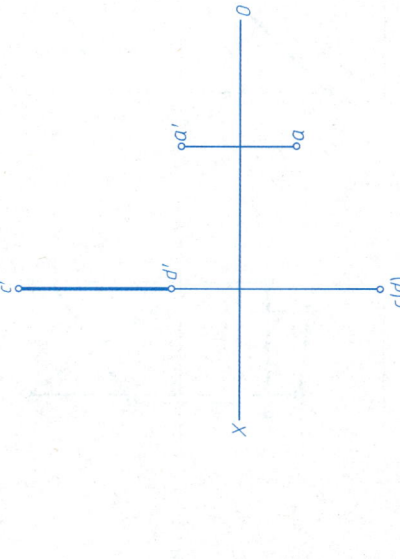

| 工程制图习题集 | 班级 | 学号 | 姓名 | 审阅 |

2-4 两直线的相对位置（一）

1. 判断下列各组线段的相对位置（在横线上写出平行、相交、垂直相交、交叉、垂直交叉）。

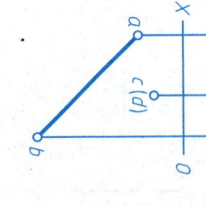

_____

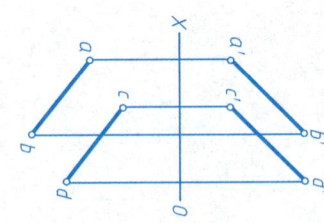

_____

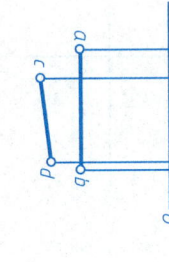

_____

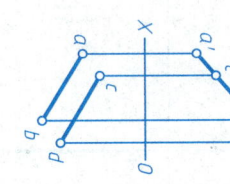

_____

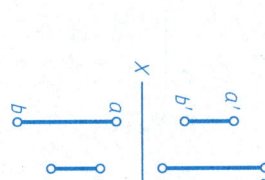

_____

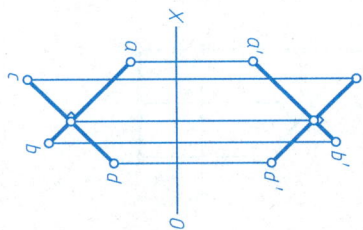

_____

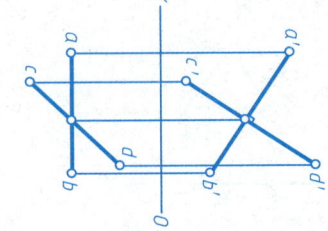

_____

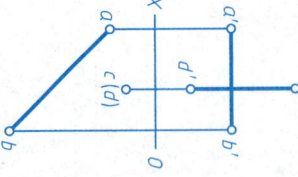

_____

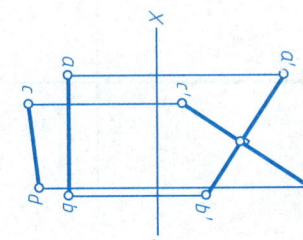

_____

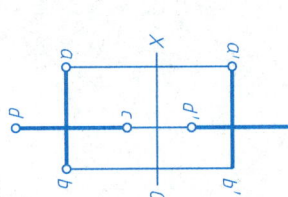

_____

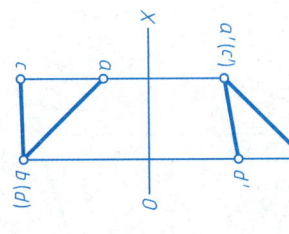

_____

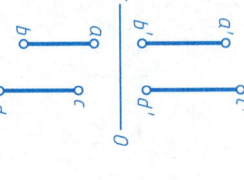

_____

2-4 两直线的相对位置（二）

2. 作正平线 KL 与 AB、CD 相交，且距 V 面 20mm。

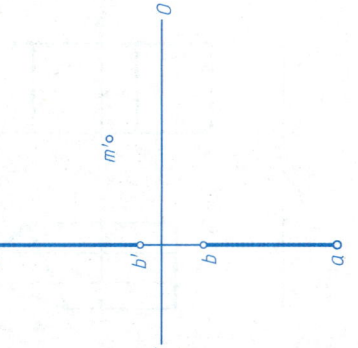

*3. 已知点 M 的正面投影，作直线 MN∥AB，且使点 N 距 H 面和 V 面的距离均为 20mm。（不画出第三投影）

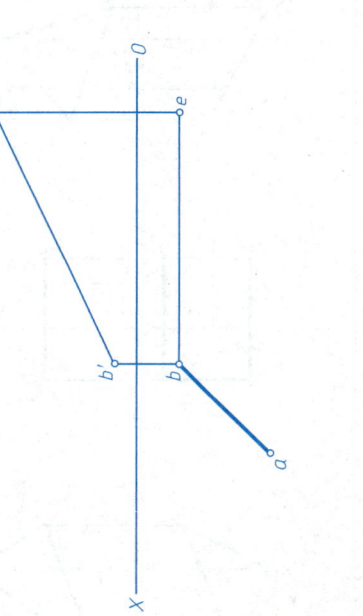

*4. 求两直线的公垂线 MN。

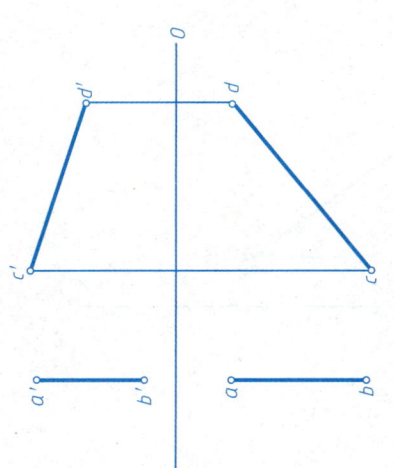

*5. 已知 ABCD 为一正方形，点 C 在线段 BE 上，作出正方形 ABCD 的两面投影。

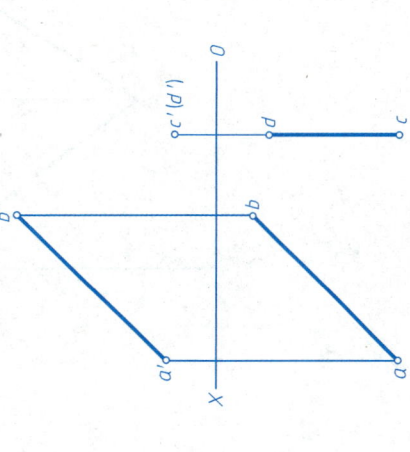

2-5 平面的投影（一）

1. 判断下列平面相对于投影面的位置。

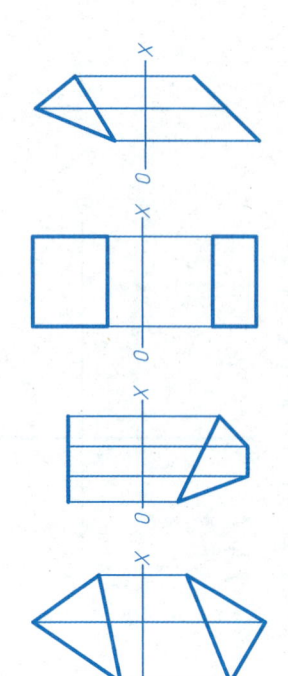

2. 试完成侧垂面 △ABC 的正面投影。

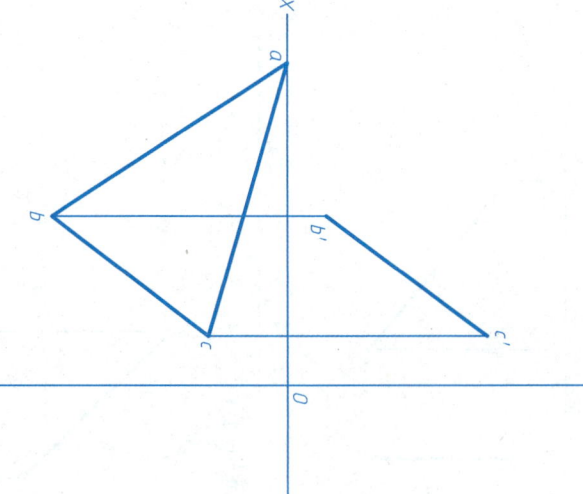

3. 判断点 K 是否属于下列平面（在横线上写出是或否）。

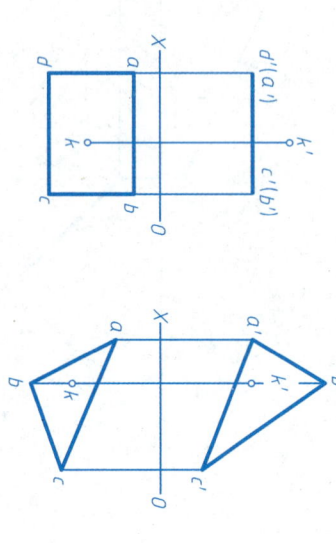

2-5 平面的投影（二）

4. 过直线 AB 作△ABC 垂直于 V 面，点 C 距 H 面和 V 面的距离均为 25mm，试完成△ABC 的两面投影。

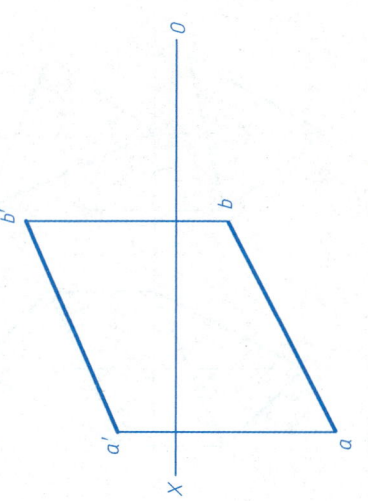

5. 在△ABC 平面内找一点 K，使其距 V 面 15mm，距 H 面 12mm。

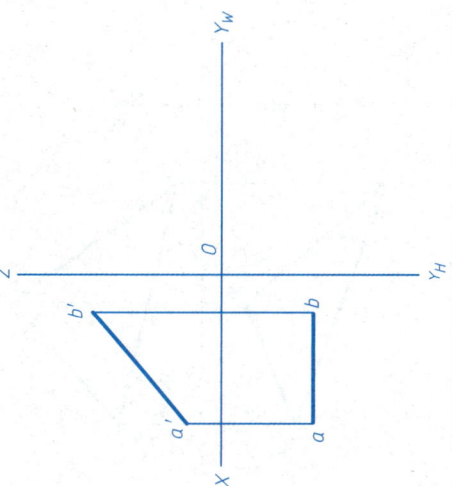

6. 作正方形 ABCD 垂直于 V 面，试完成正方形 ABCD 的另两面投影。

***7.** 作等边△ABC 平行于 V 面，试完成等边△ABC 的另两面投影。

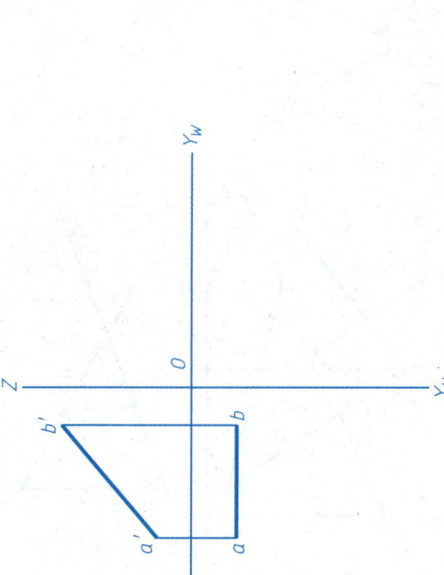

工程制图习题集	班级	学号	姓名	审阅

13

2-6 直线与平面、两平面的相对位置关系（一）

1. 判断下列直线与平面，平面与平面是否平行。

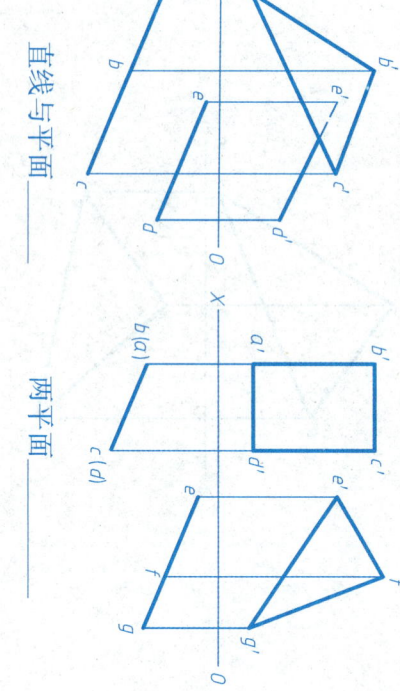

直线与平面 _____　　两平面 _____

2. 判断△ABC 与△DEF 是否平行。

△ABC 与△DEF _____

3. 过点 M 作正平线 MN 与△ABC 平行。

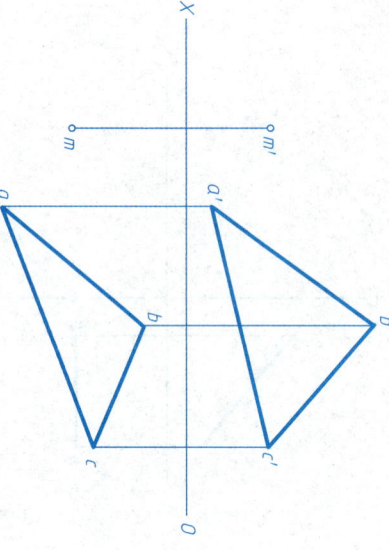

4. 求线段 EF 与△ABC 的交点 K，并判别可见性。

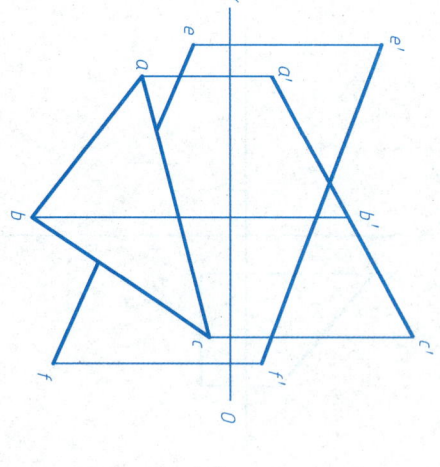

工程制图习题集　　班级　　学号　　姓名　　审阅

14

2-6 直线与平面、两平面的相对位置关系（二）

5. 过点 M 作一平面与 △ABC 平行。

7. 求 △EFG 与 △ABC 的交线 KL，并判别可见性。

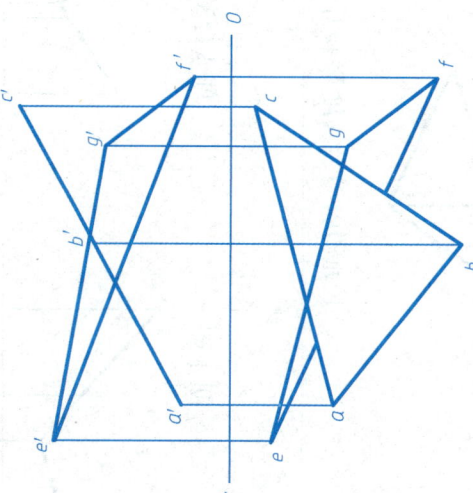

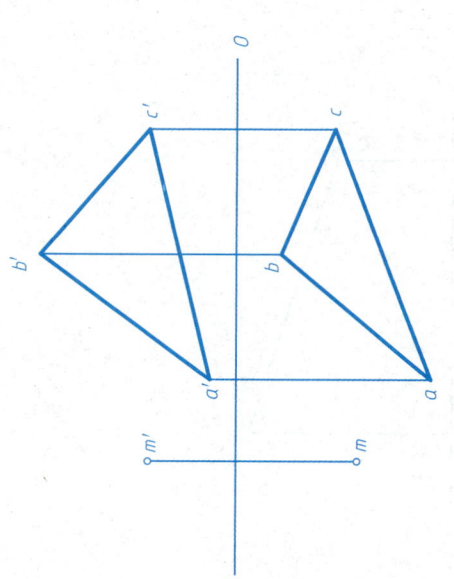

6. 求线段 EF 与 △ABC 的交点 K，并判别可见性。

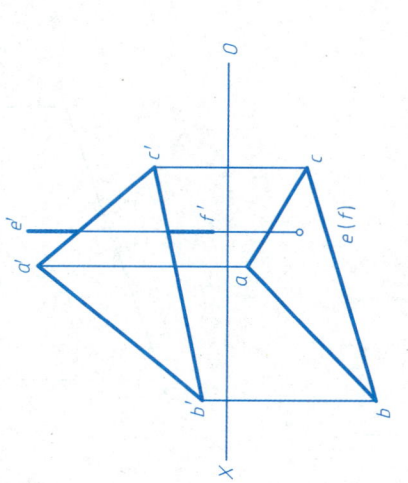

2-6 直线与平面、两平面的相对位置关系（三）

8. 判断下列直线与平面、平面与平面是否垂直。

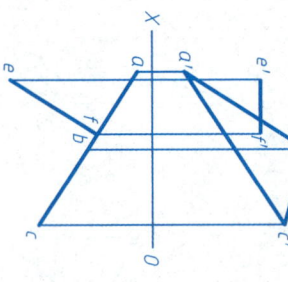

直线与平面 _____ 两平面 _____

9. 过点 M 作线段 MN 与 △ABC 垂直。

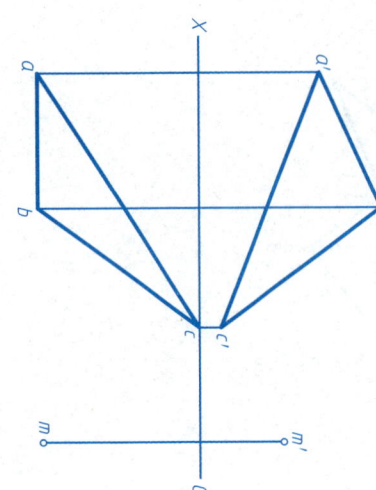

*10. 求与点 A、B 等距离的轨迹。

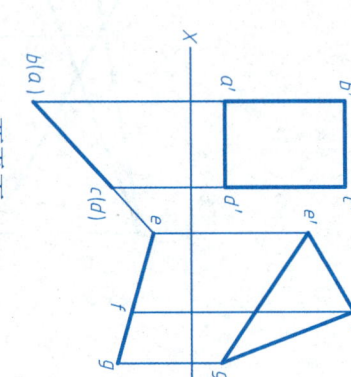

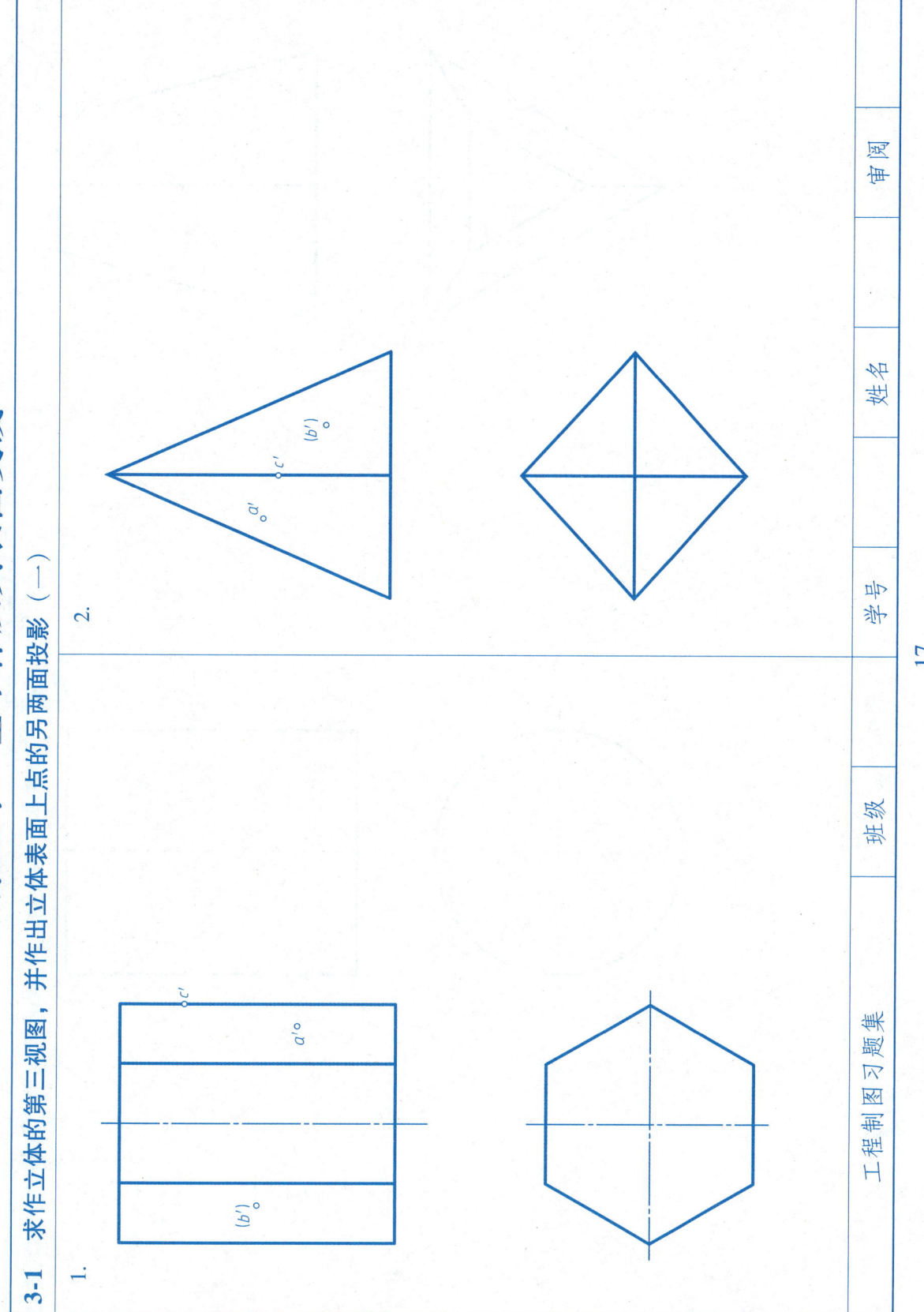

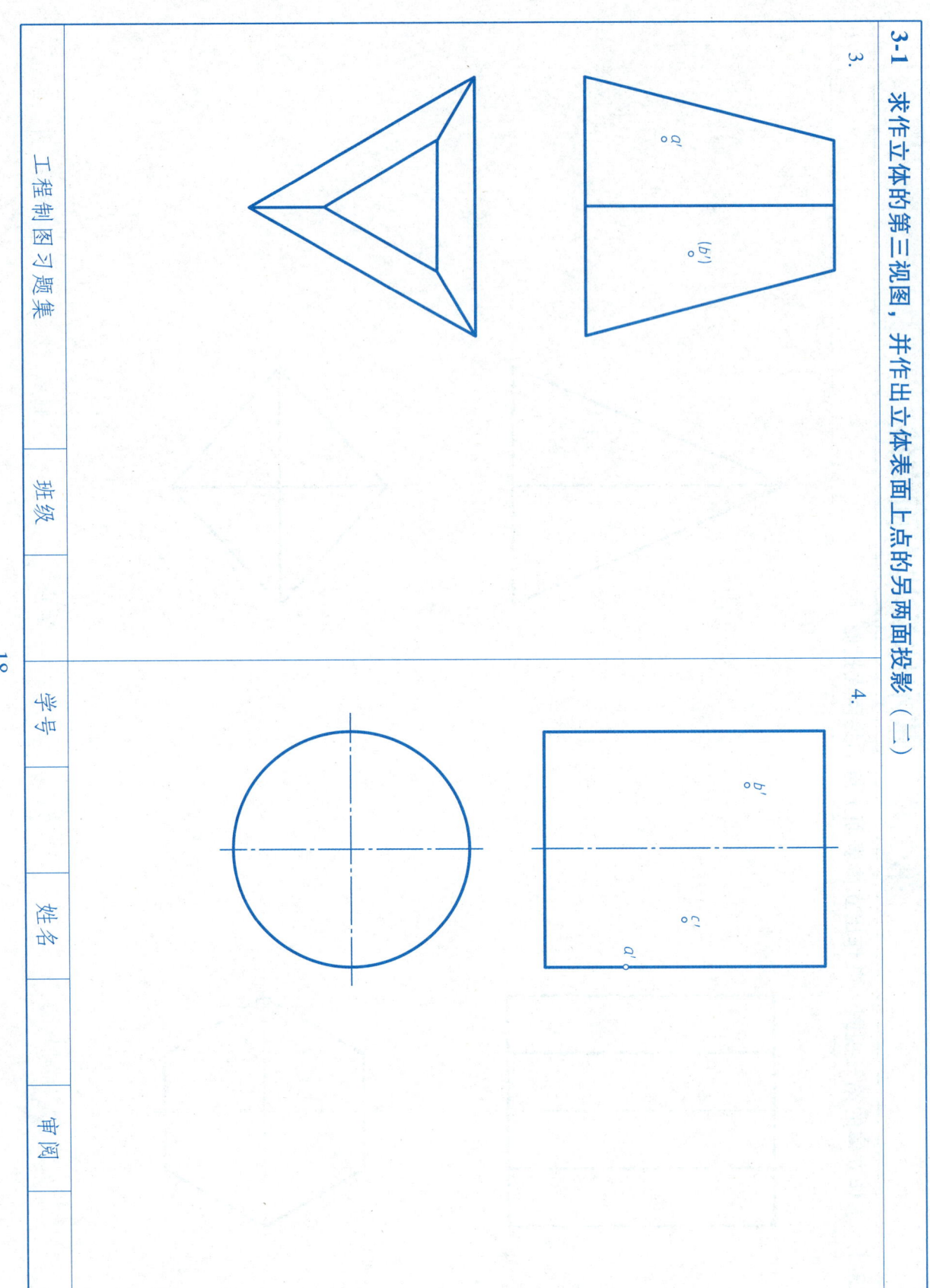

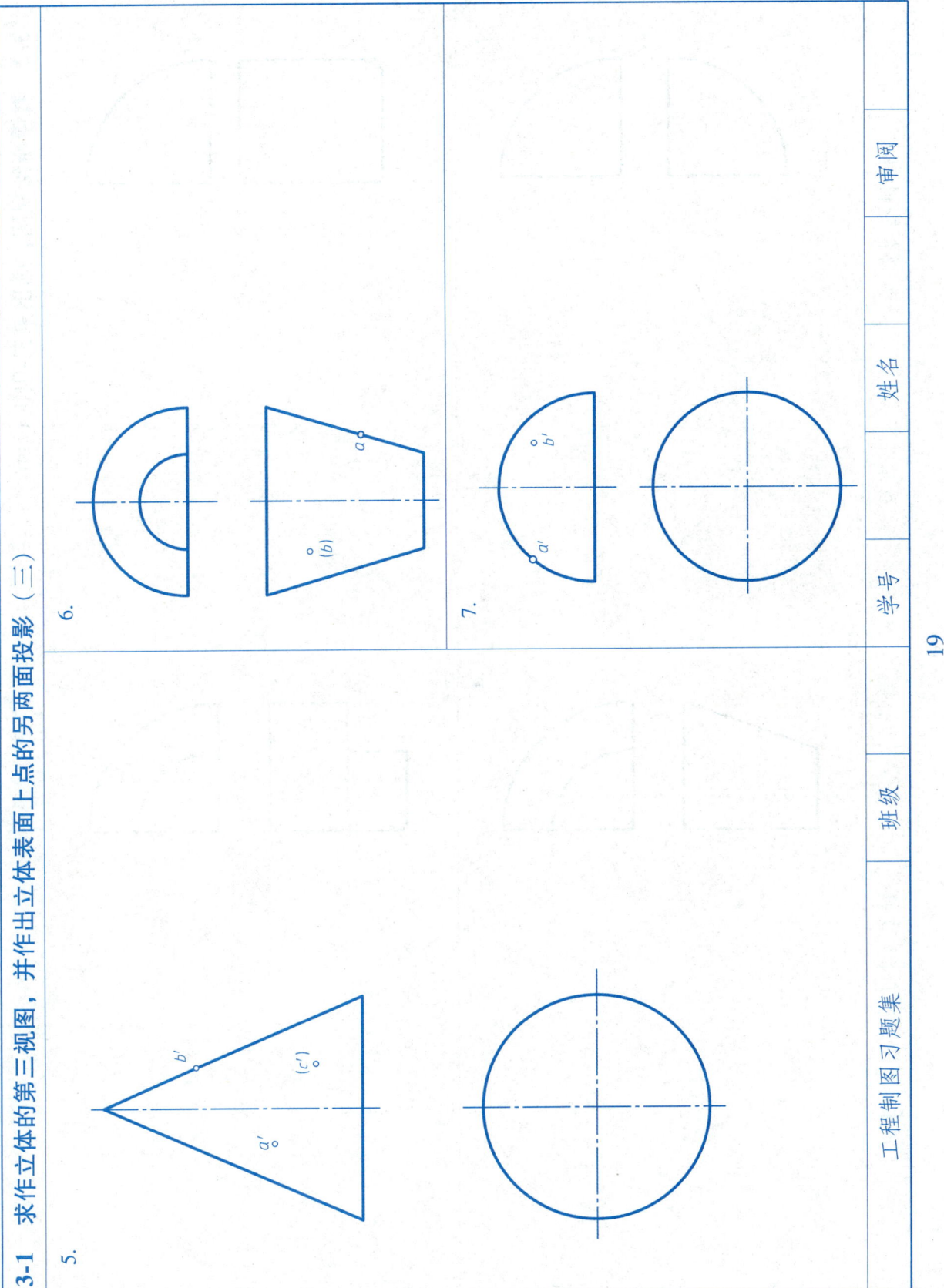

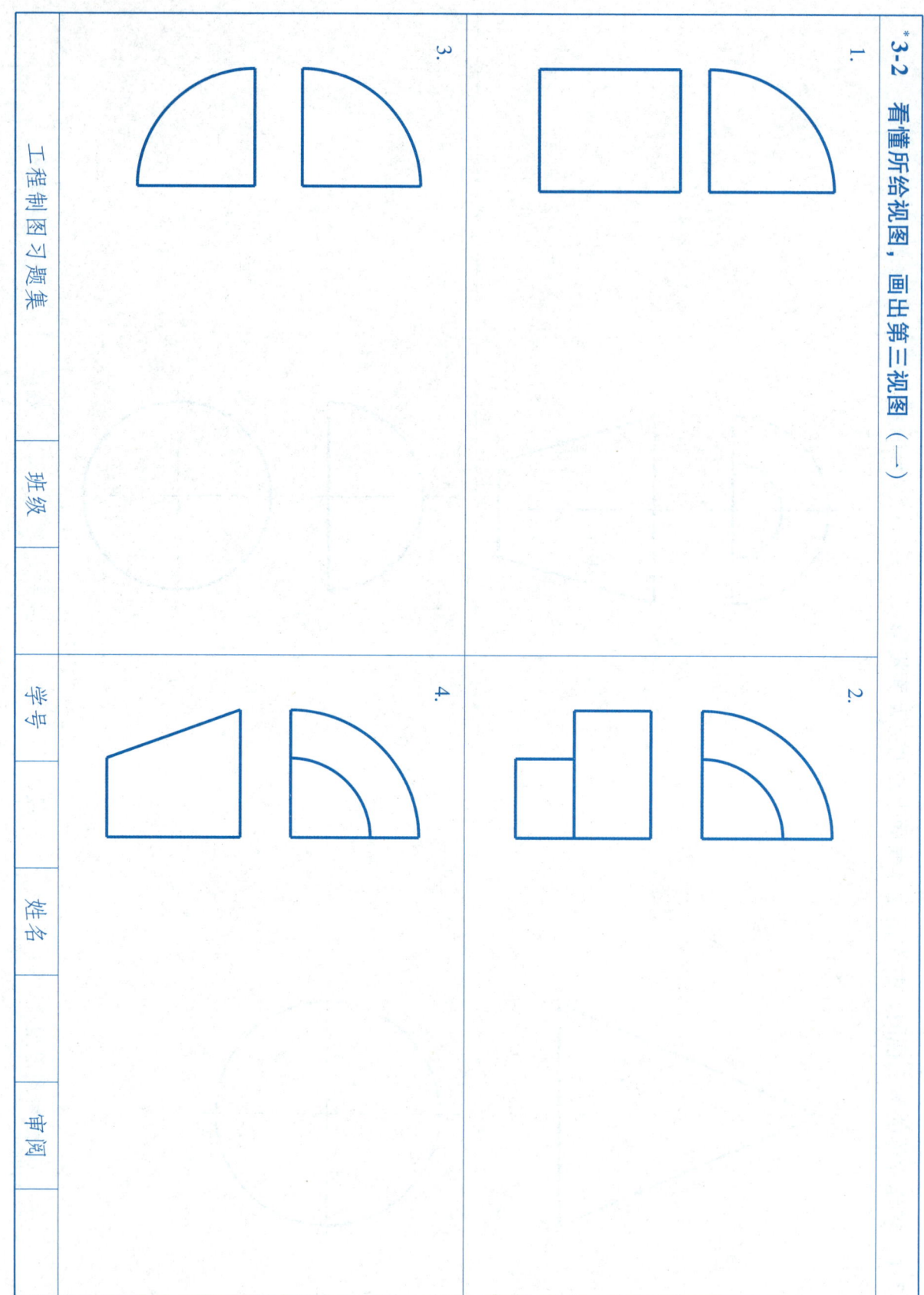

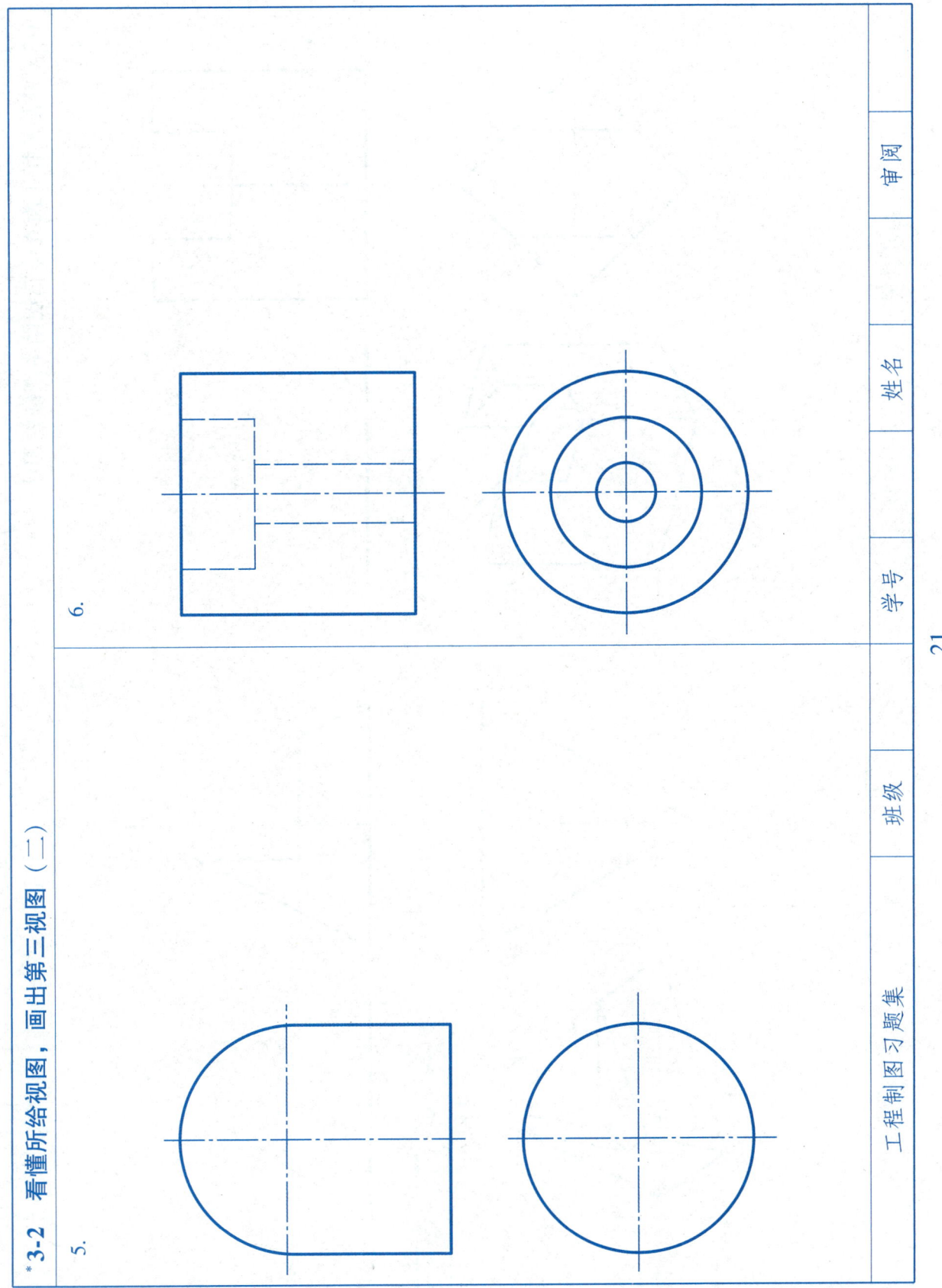

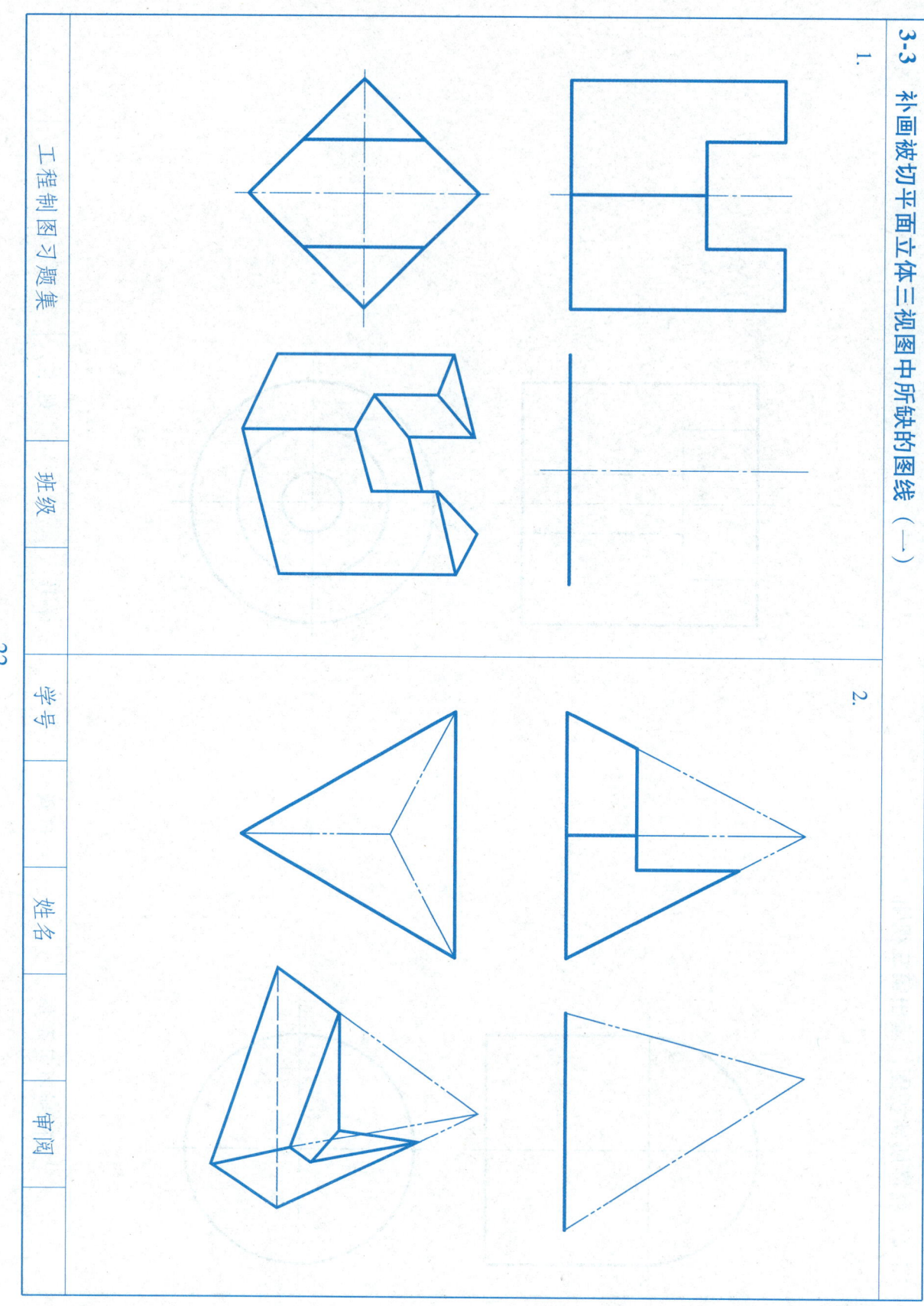

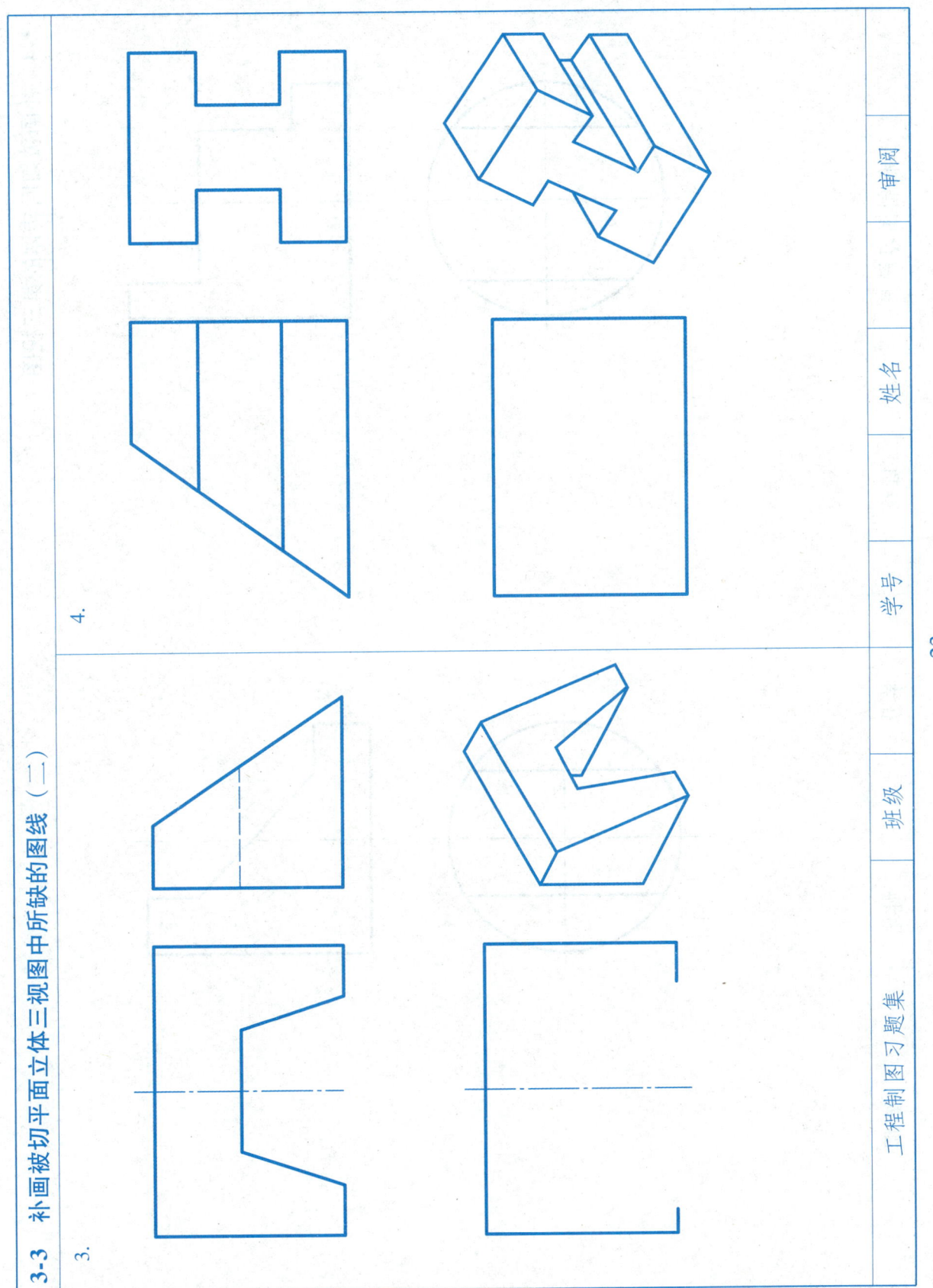

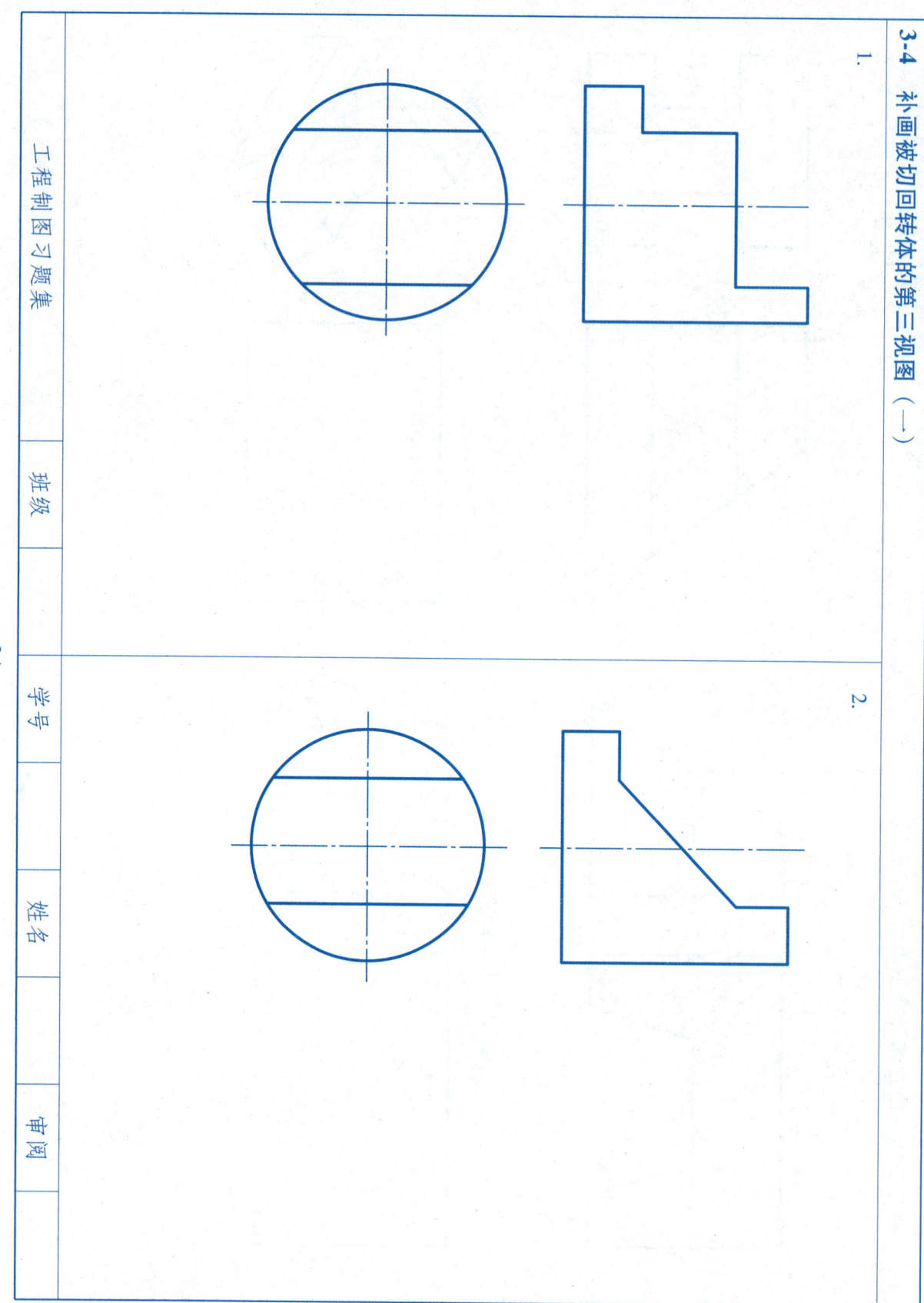

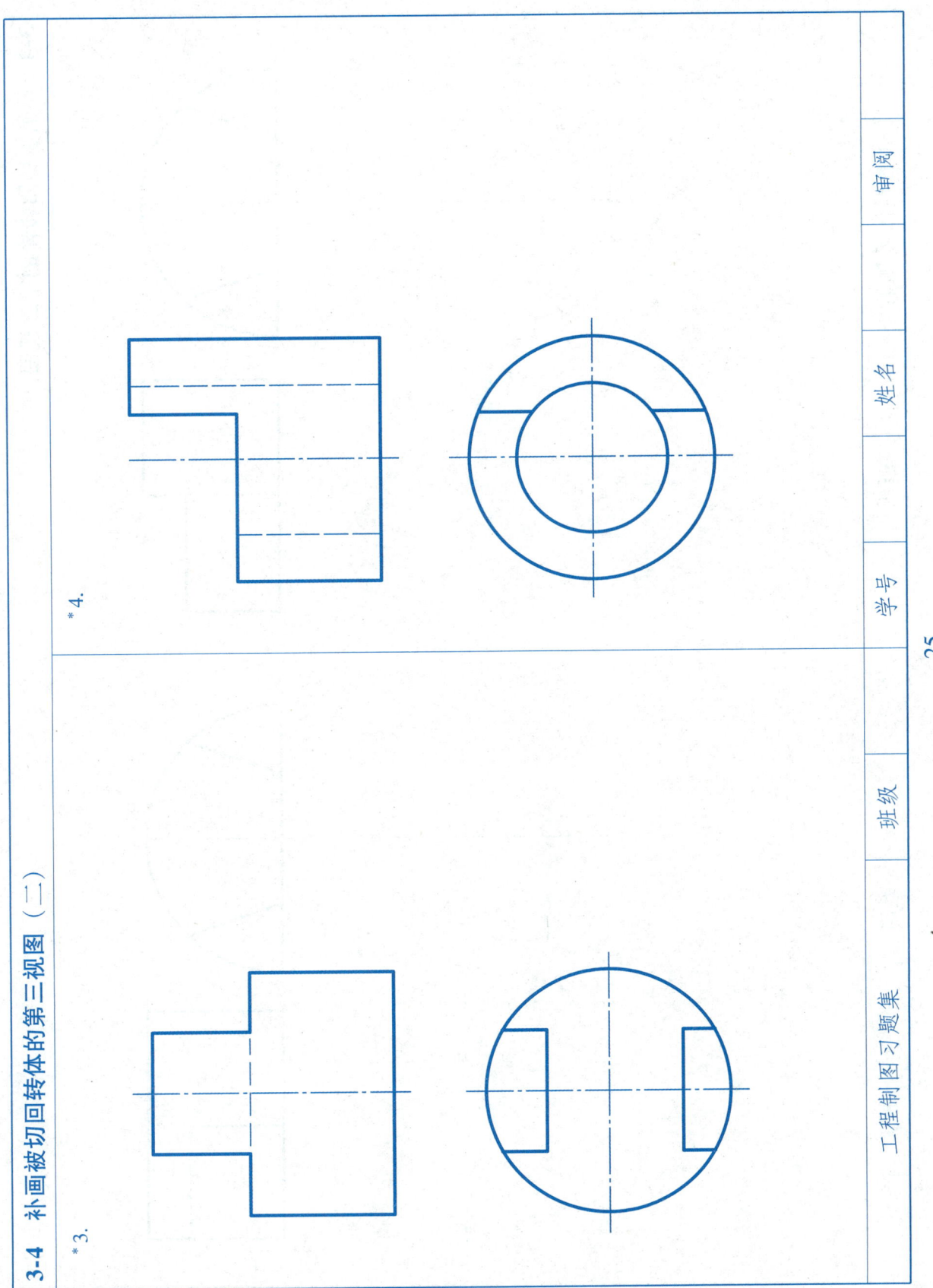

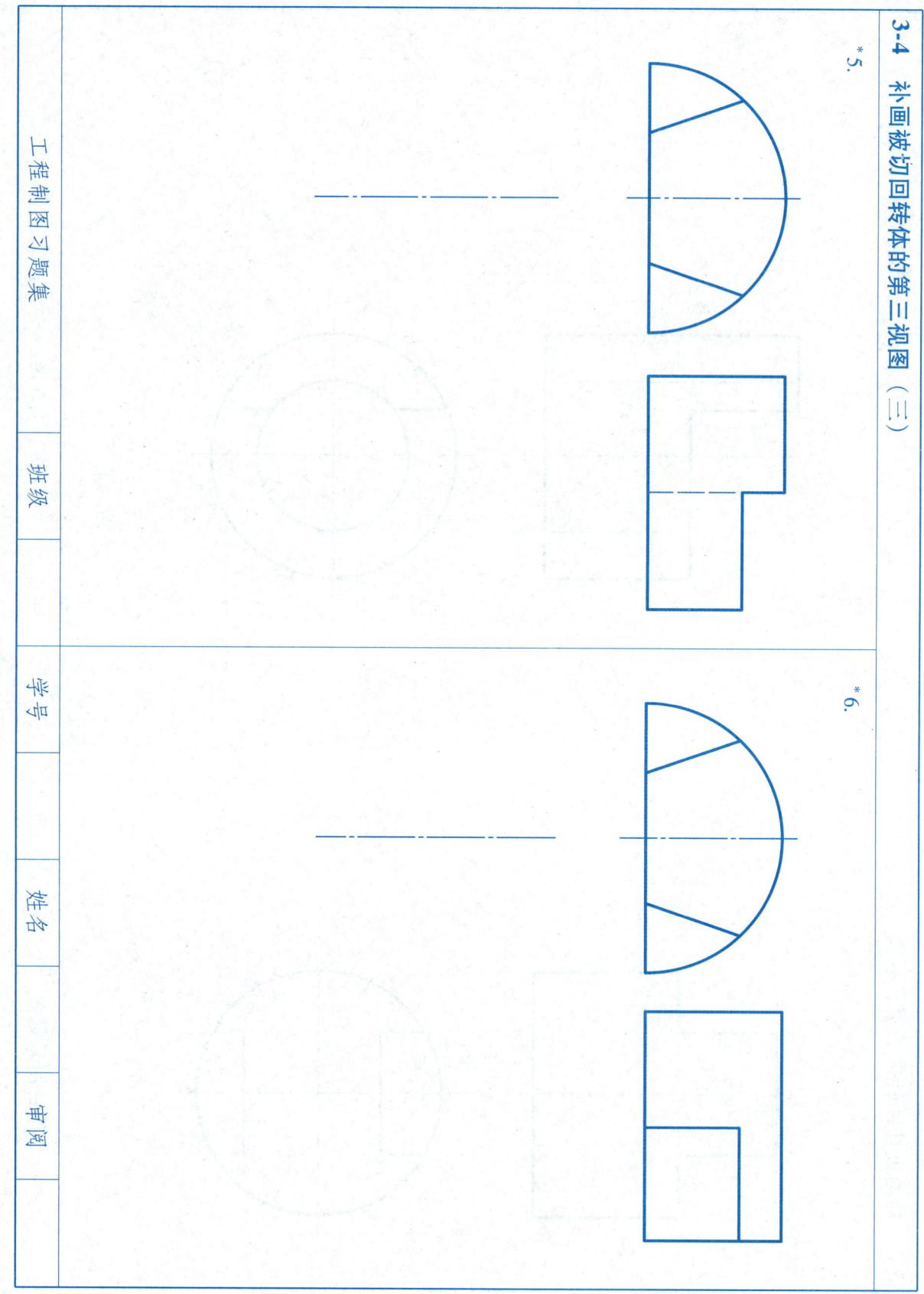

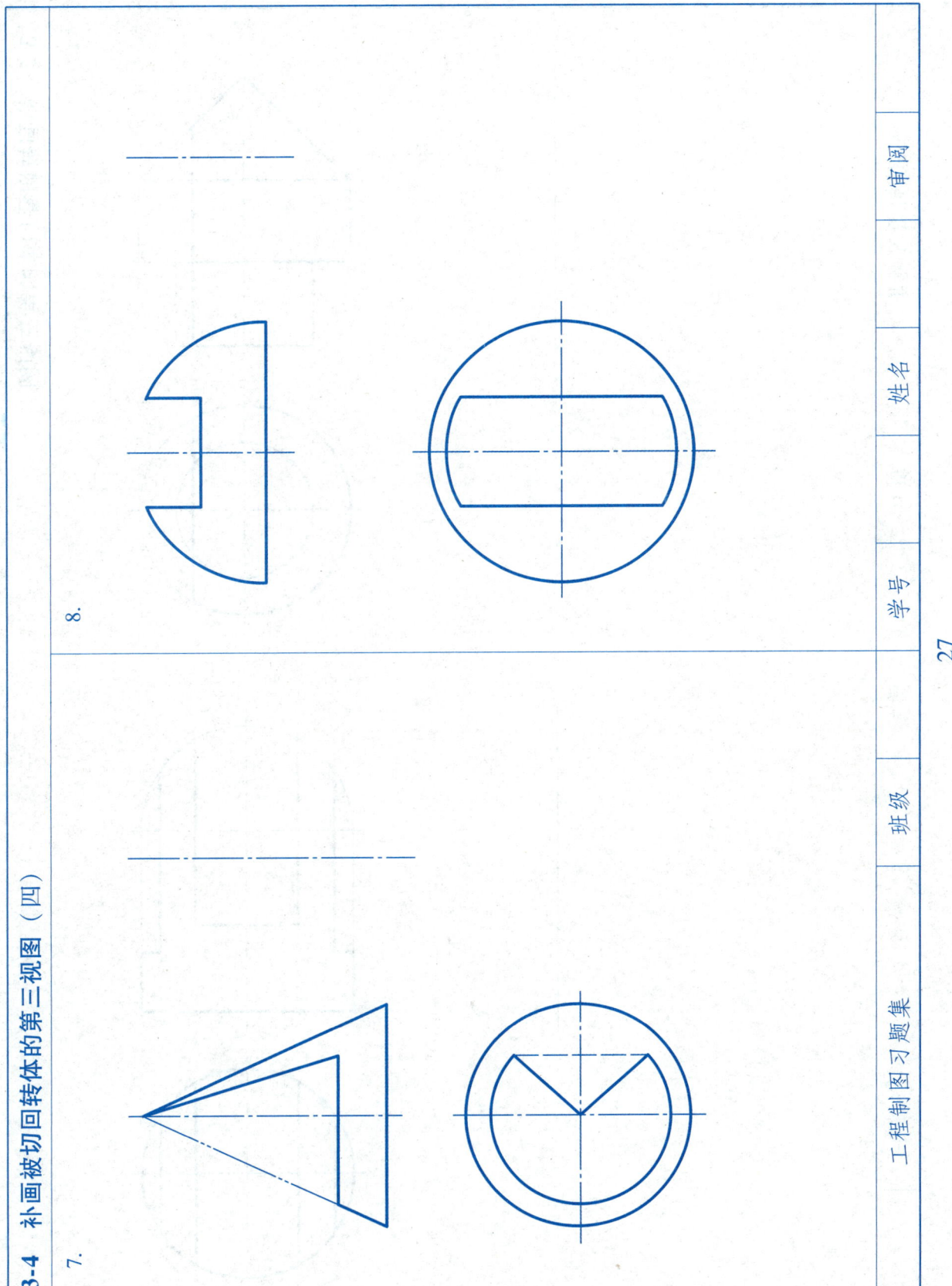

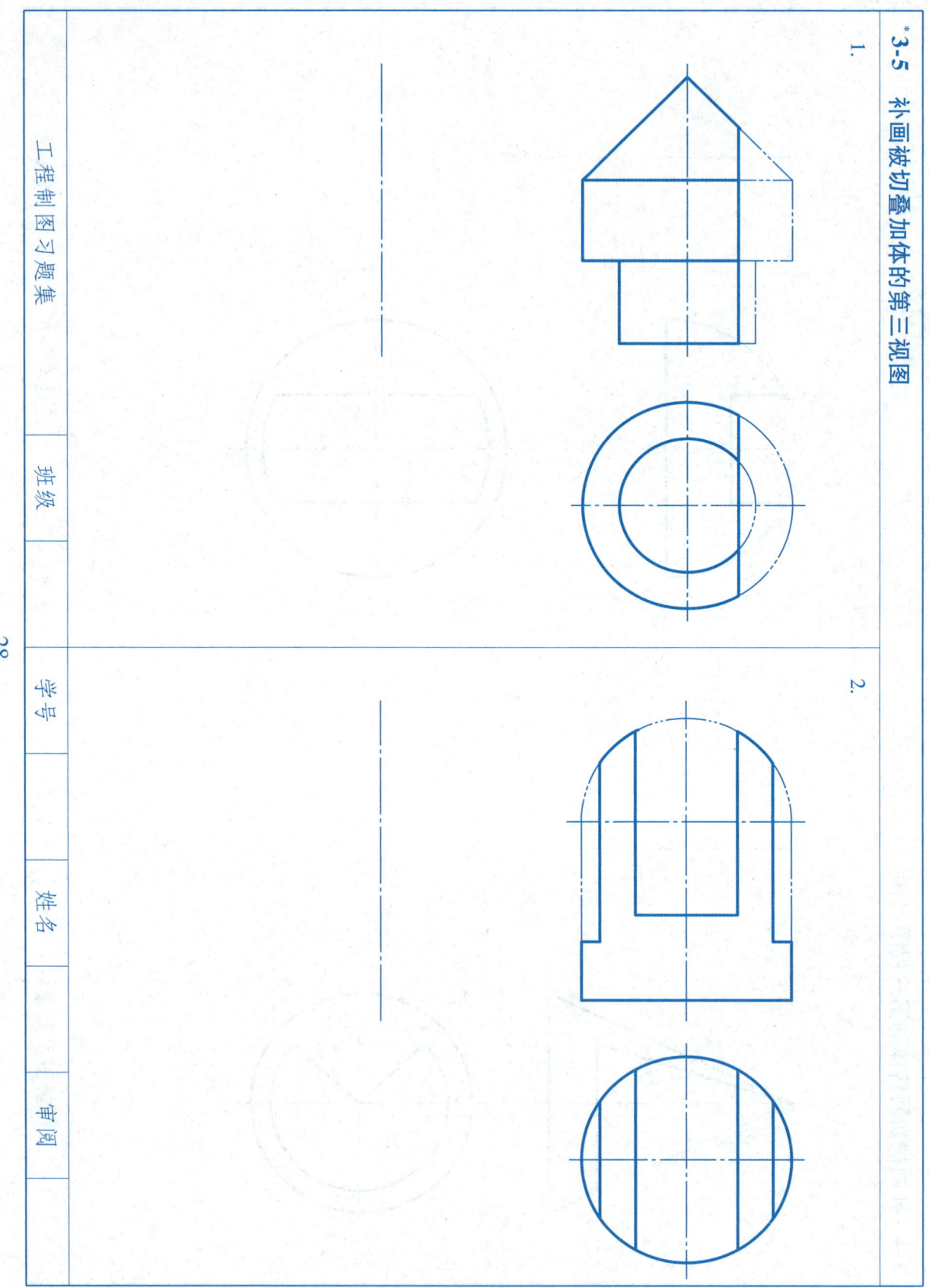

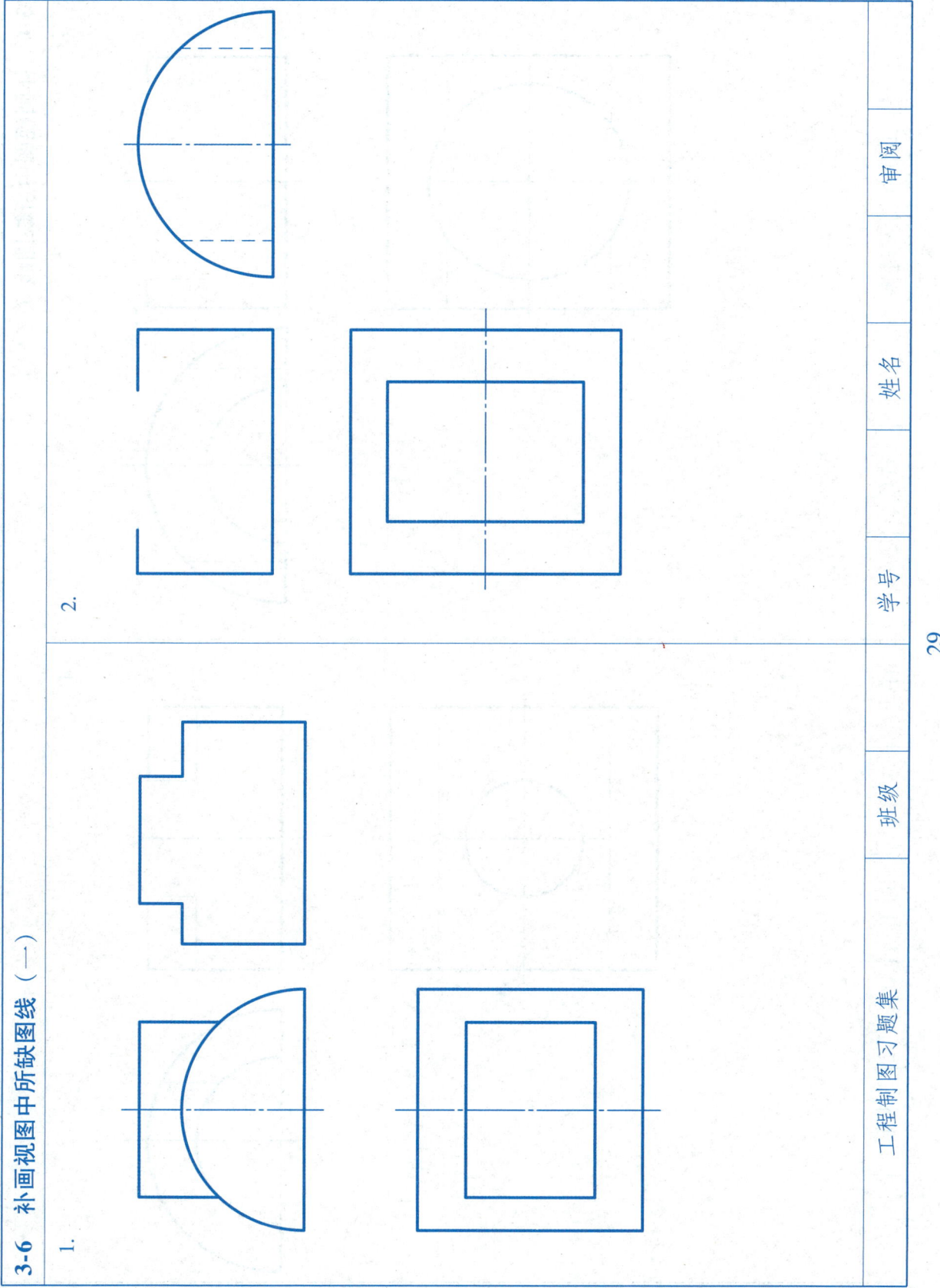

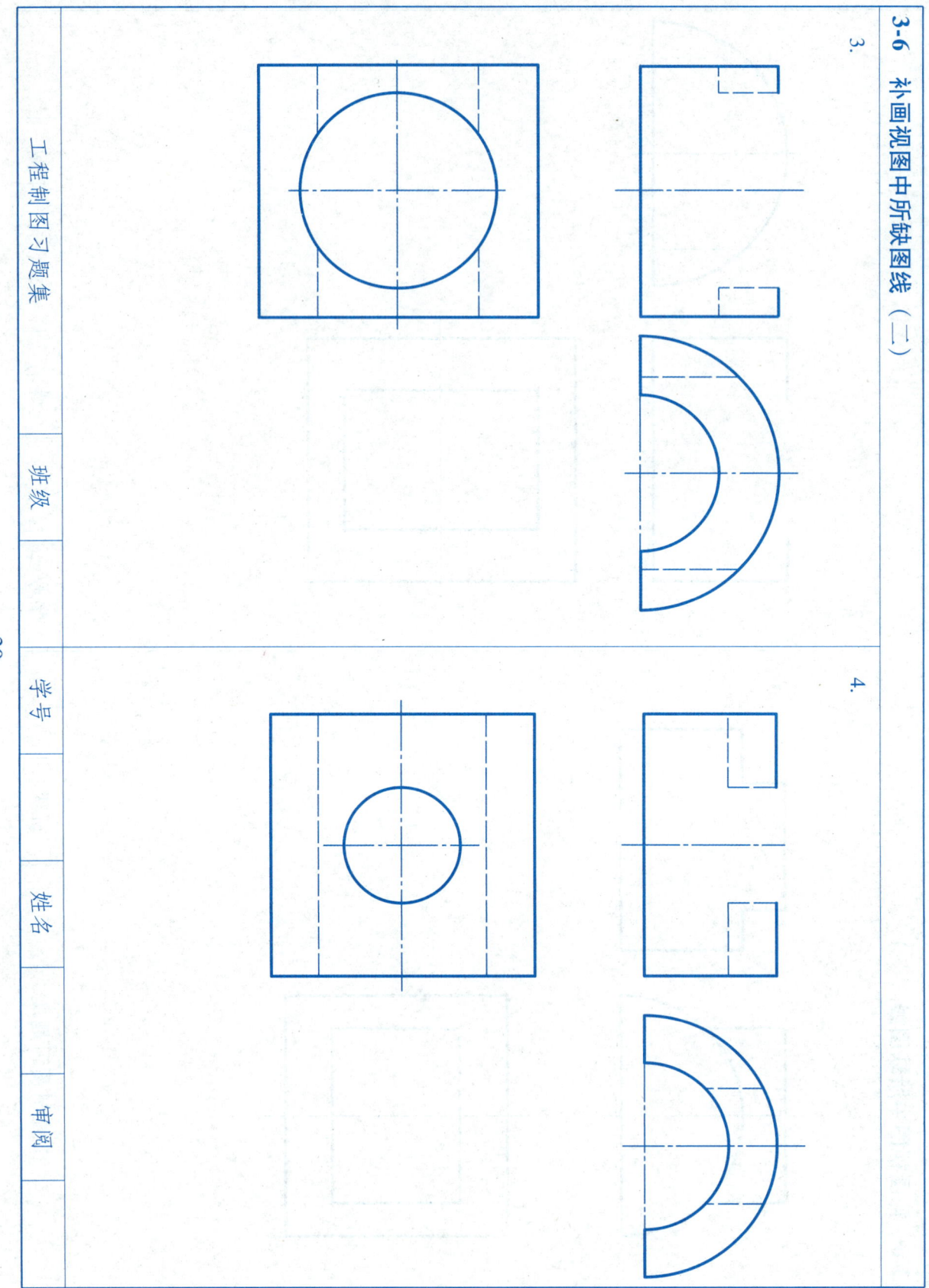

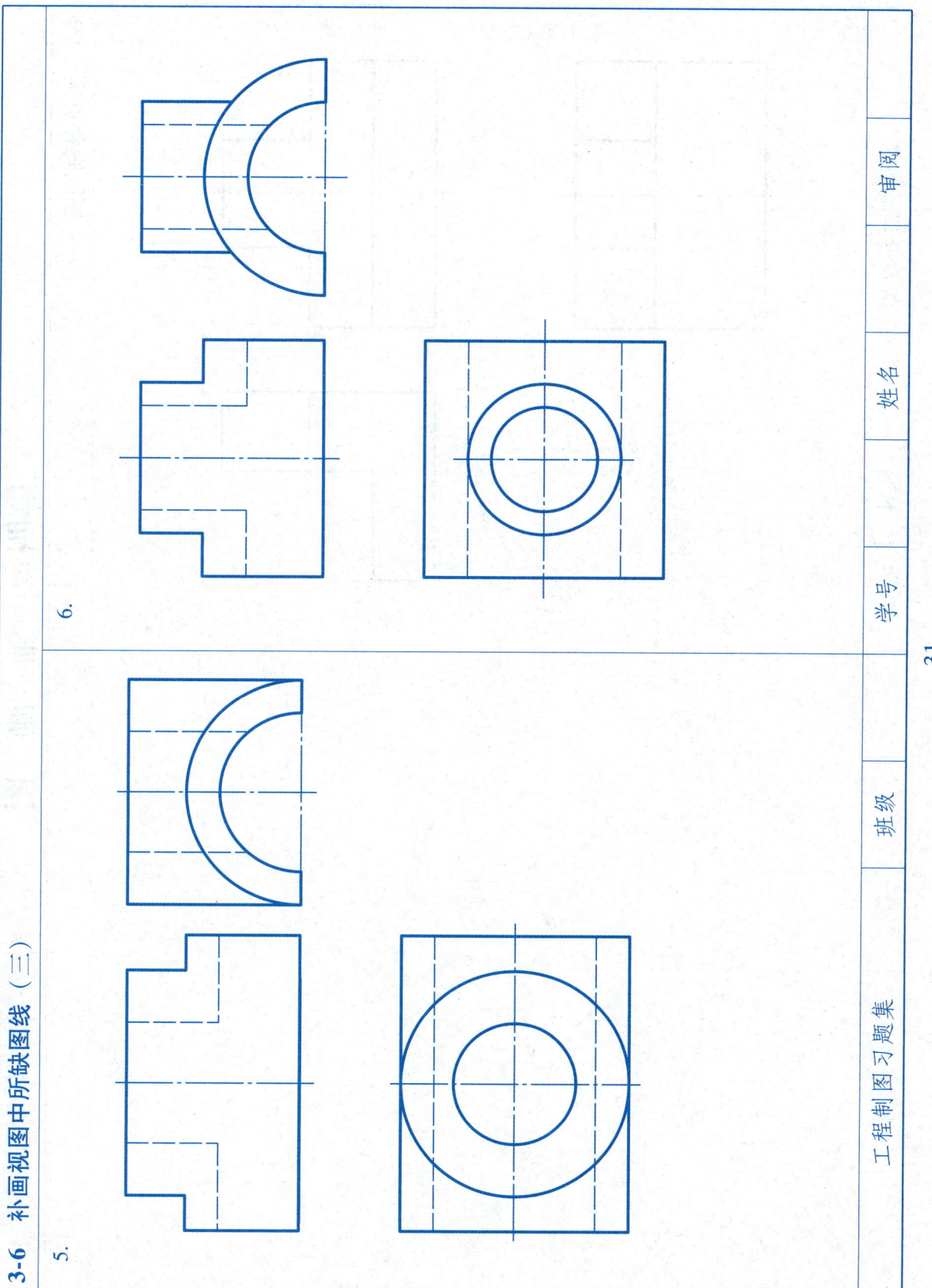

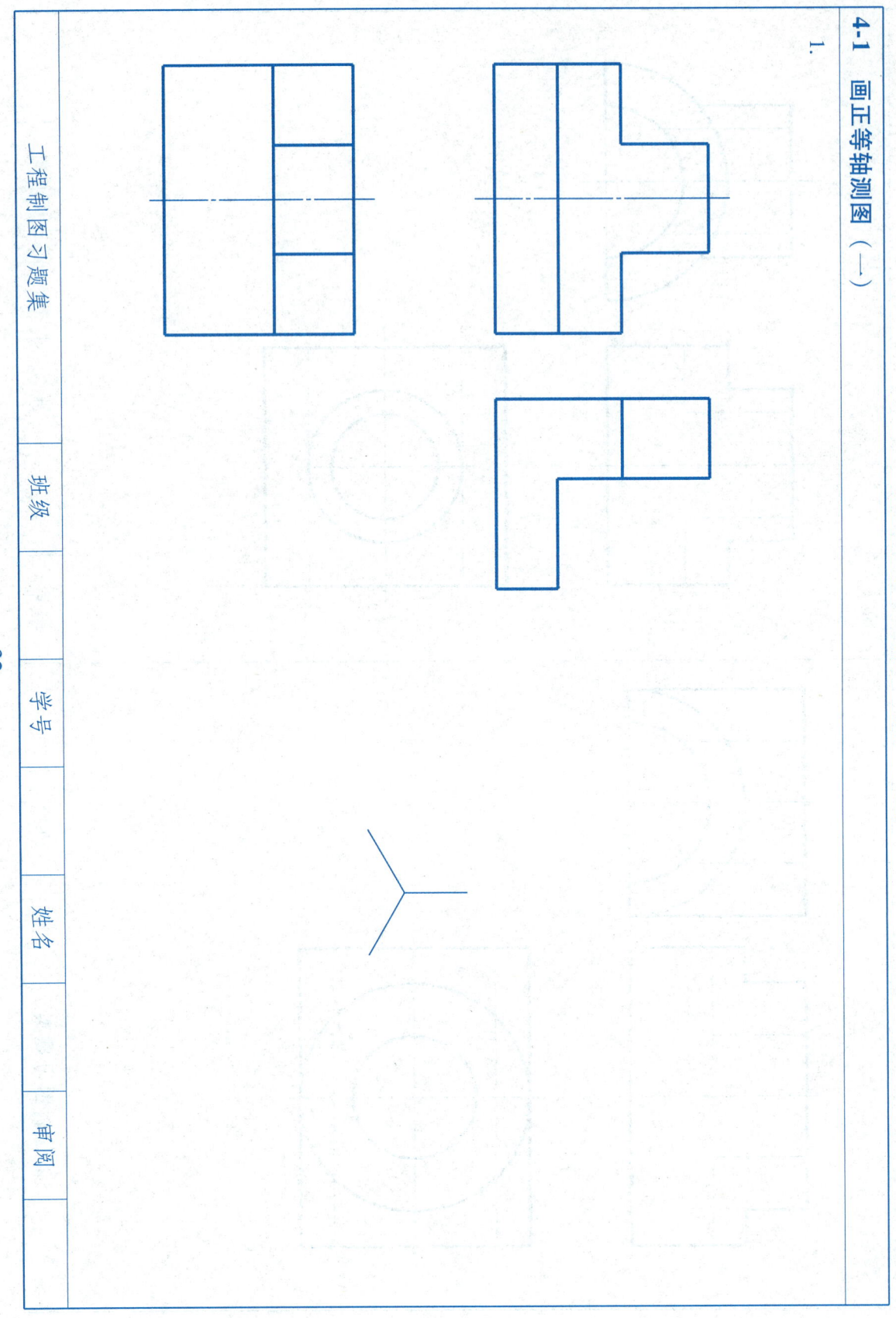

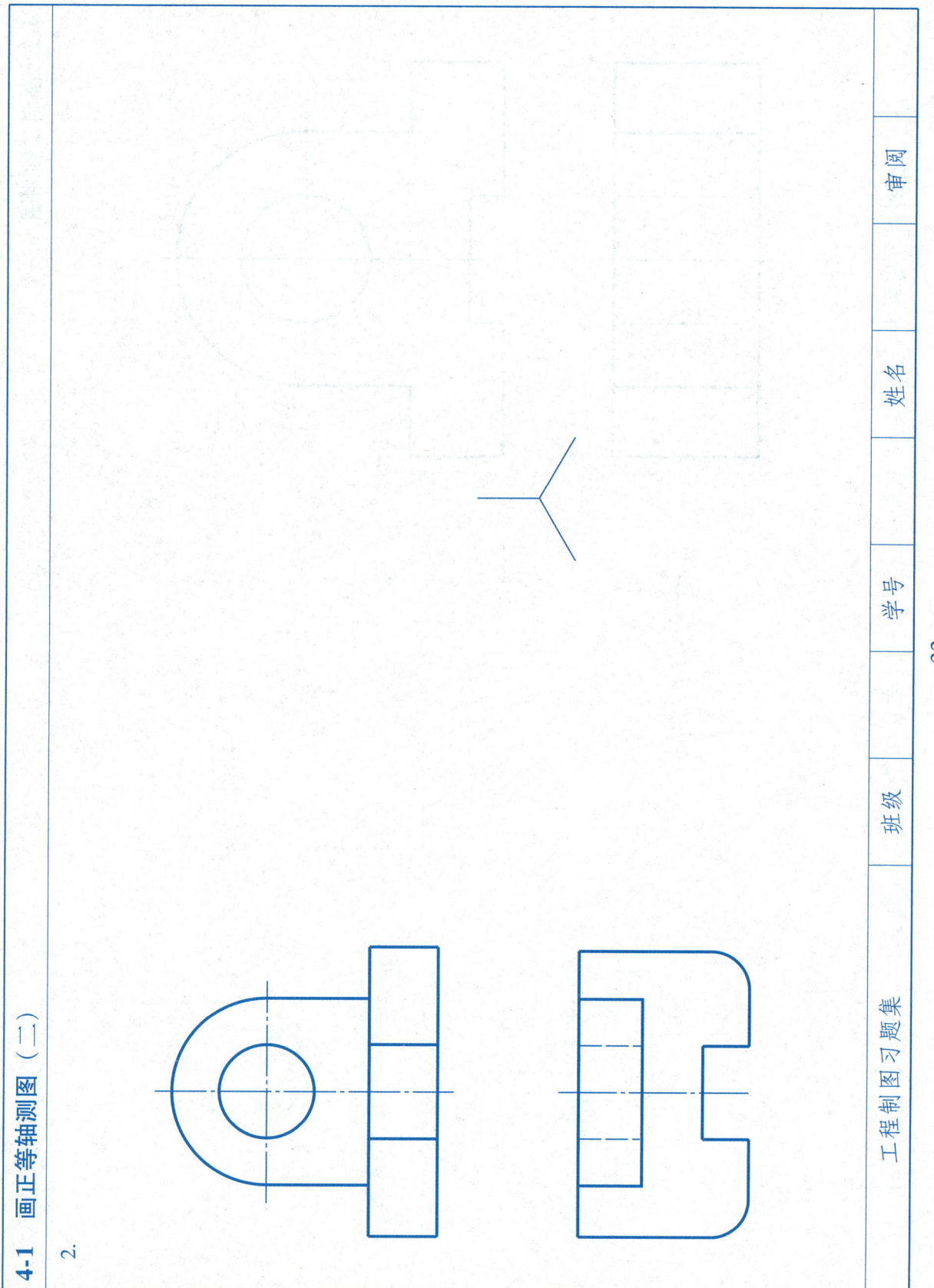

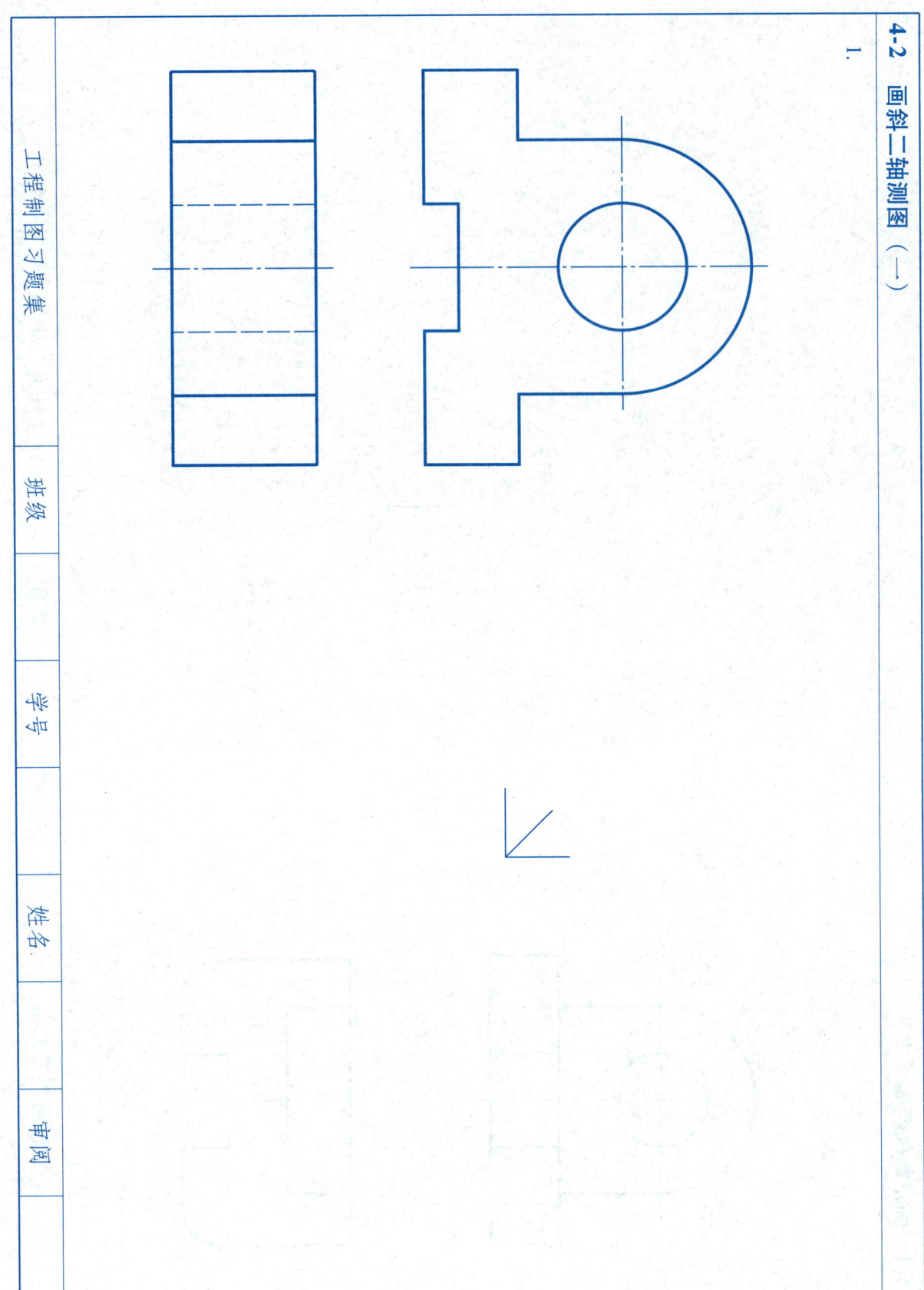

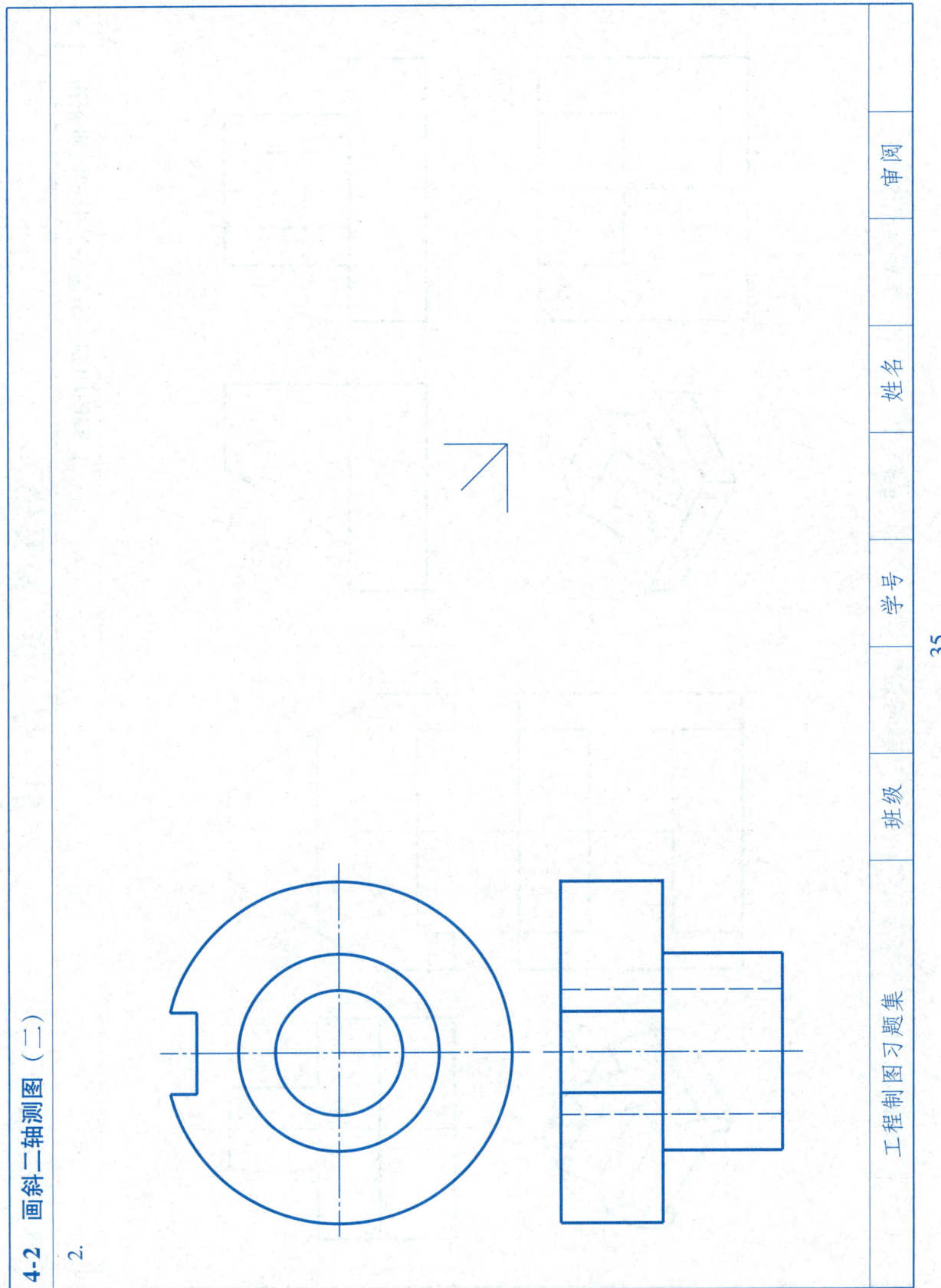

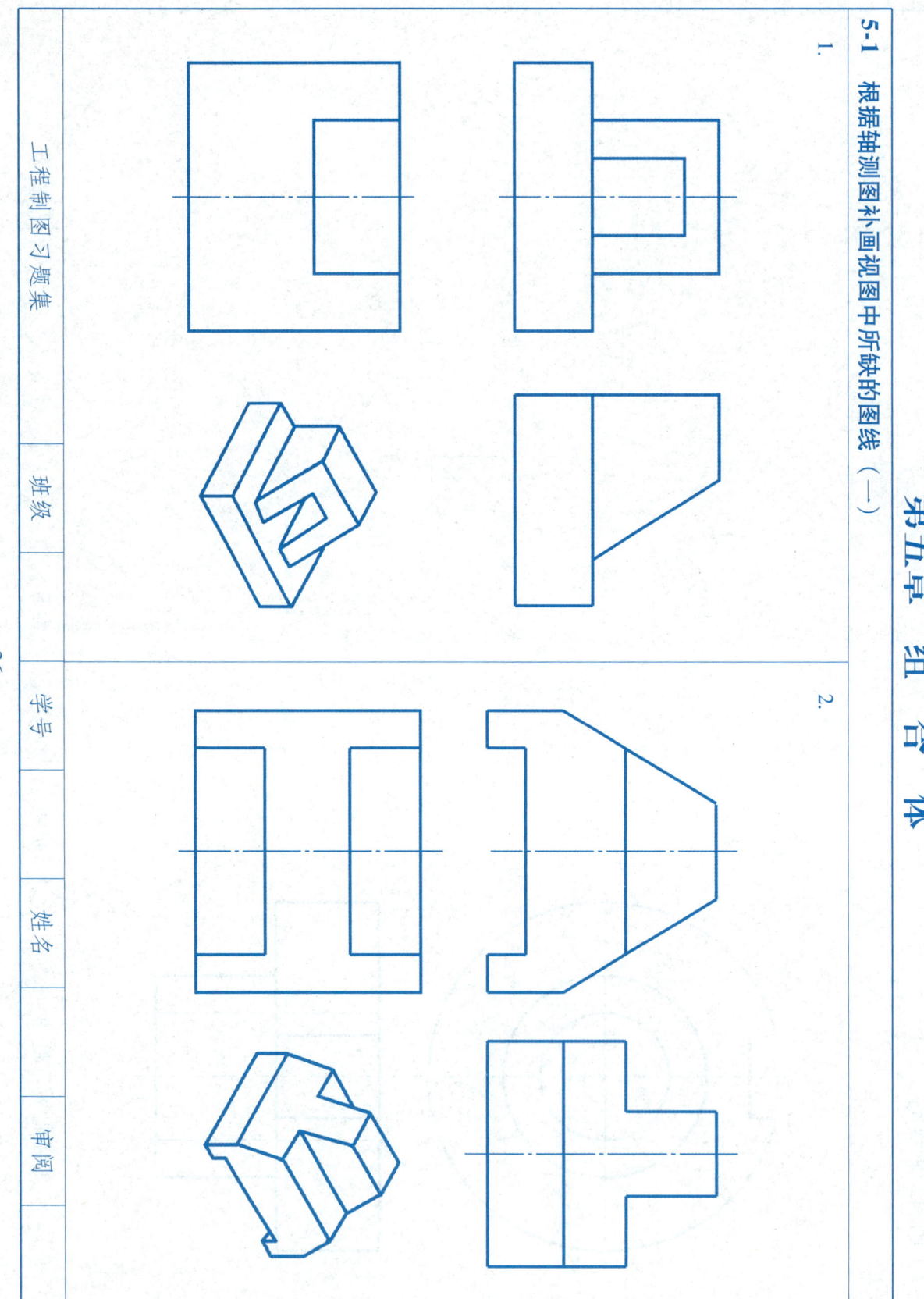

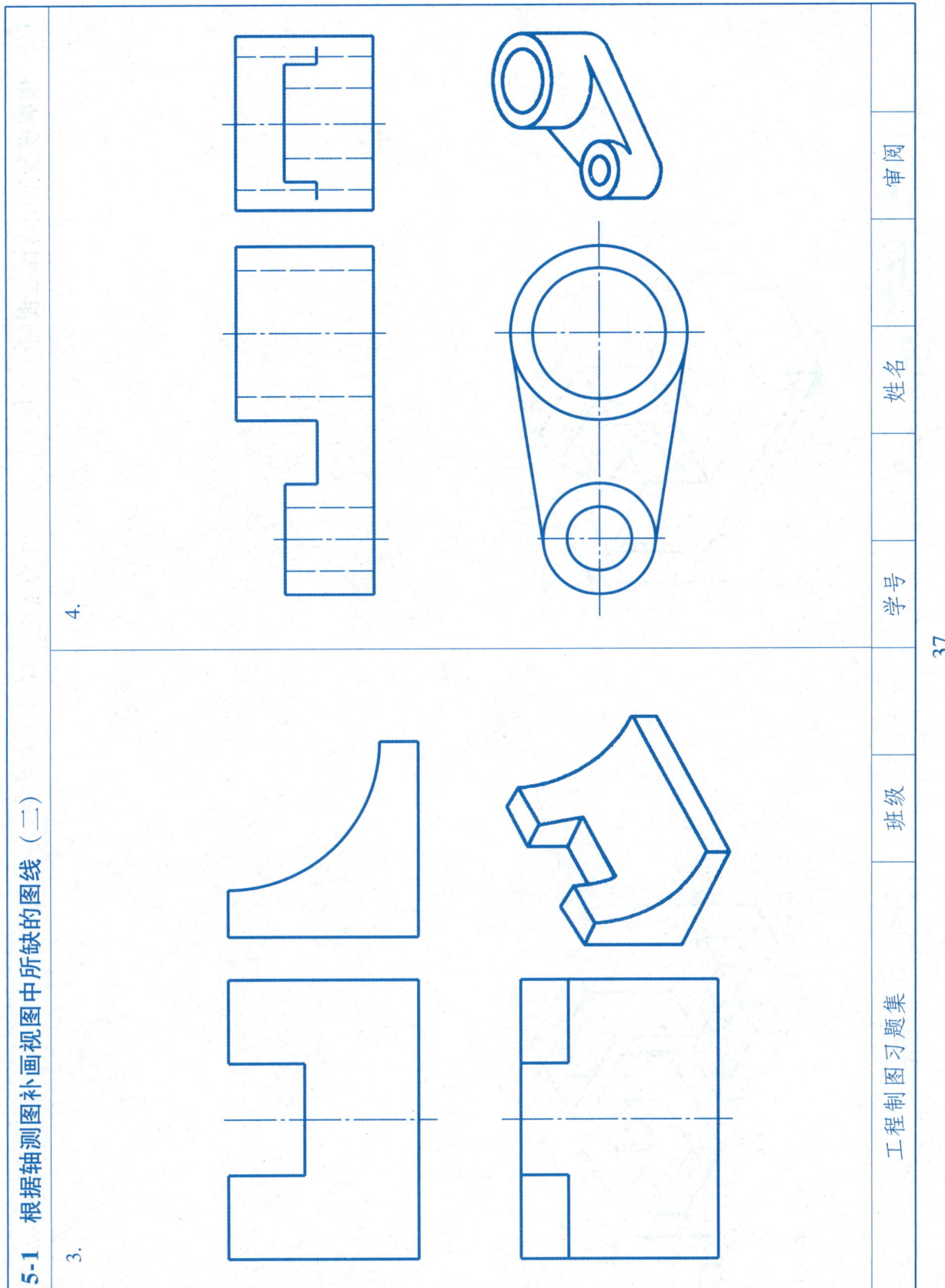

5-2 根据模型画组合体三视图（比例1:1，图中孔为通孔）（一）

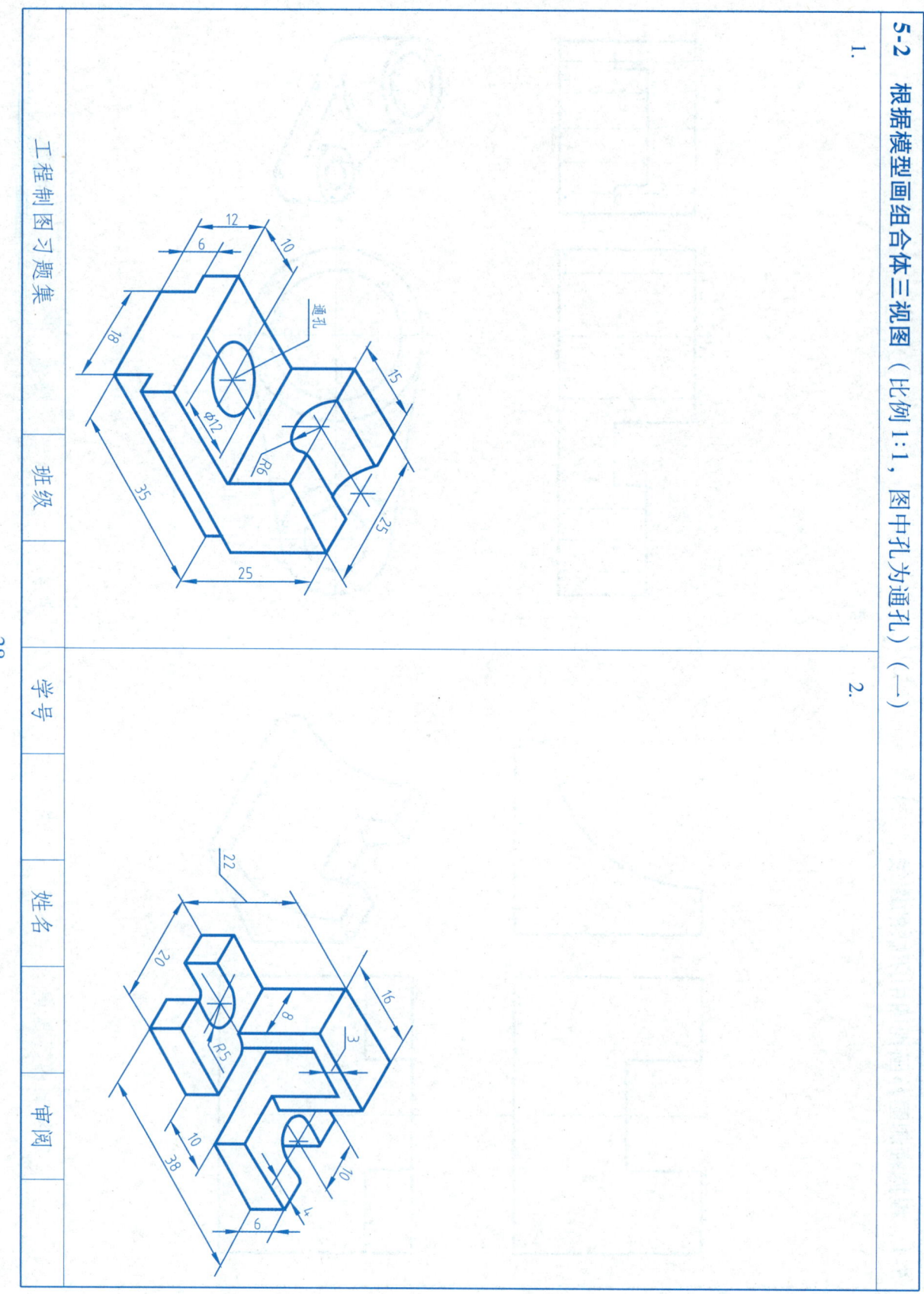

5-2 根据模型画组合体三视图（比例1:1，图中孔为通孔）（二）

3.

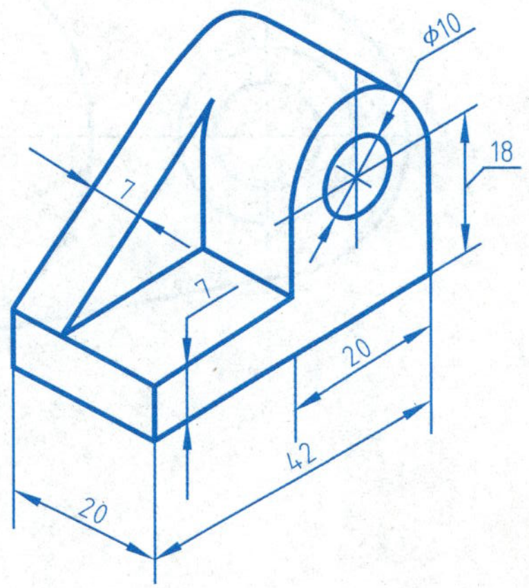

4.

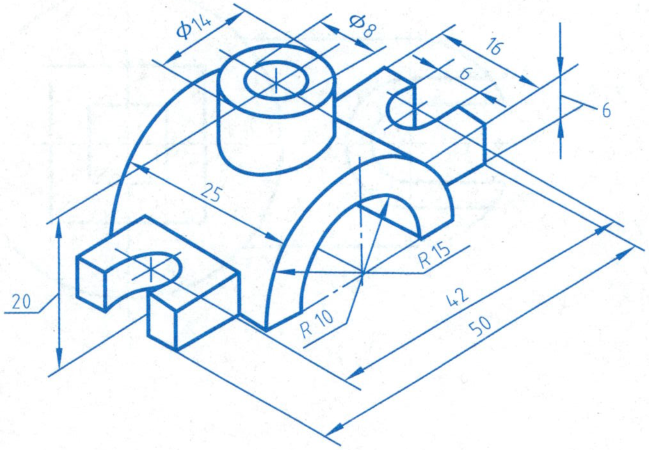

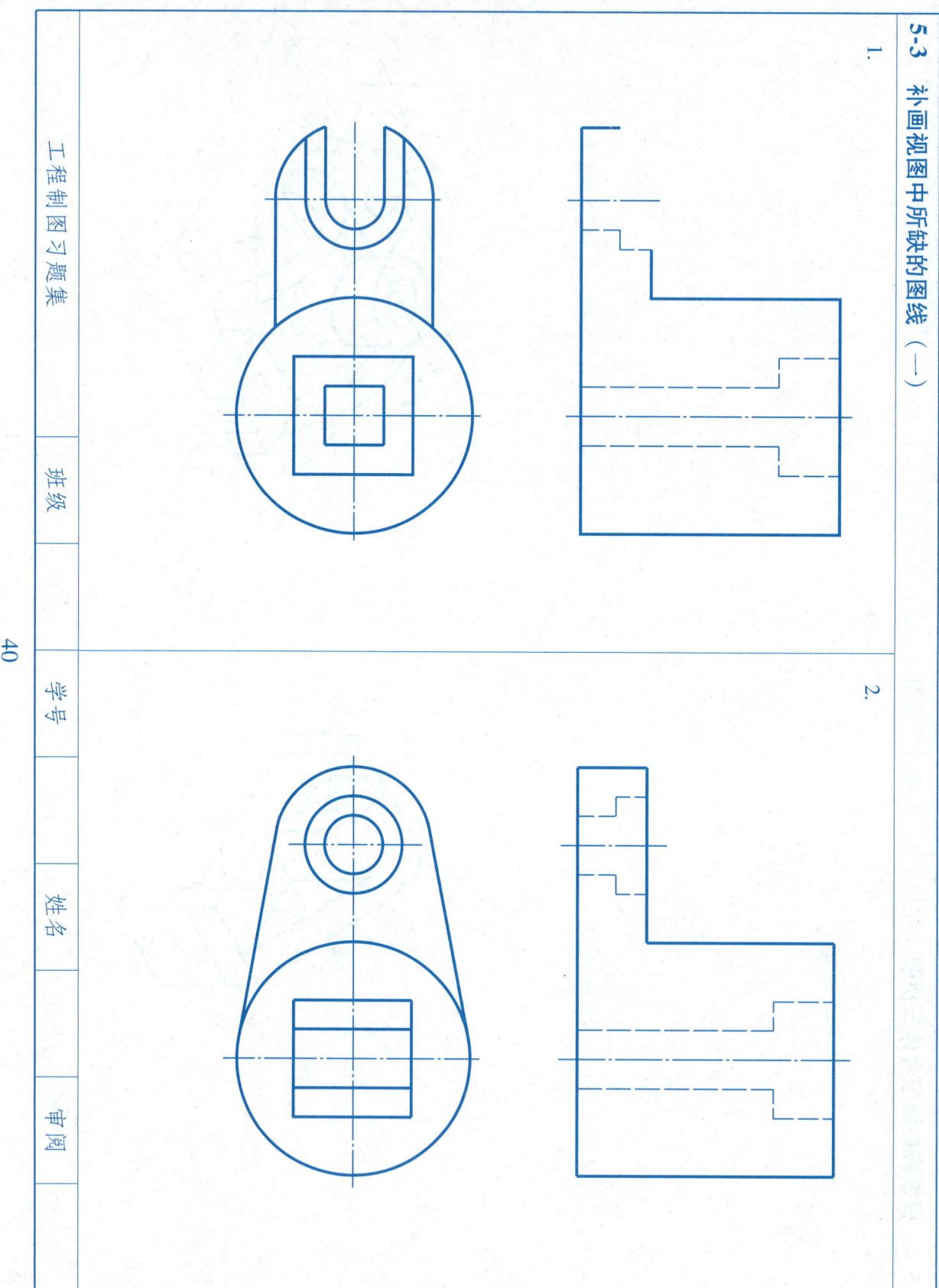

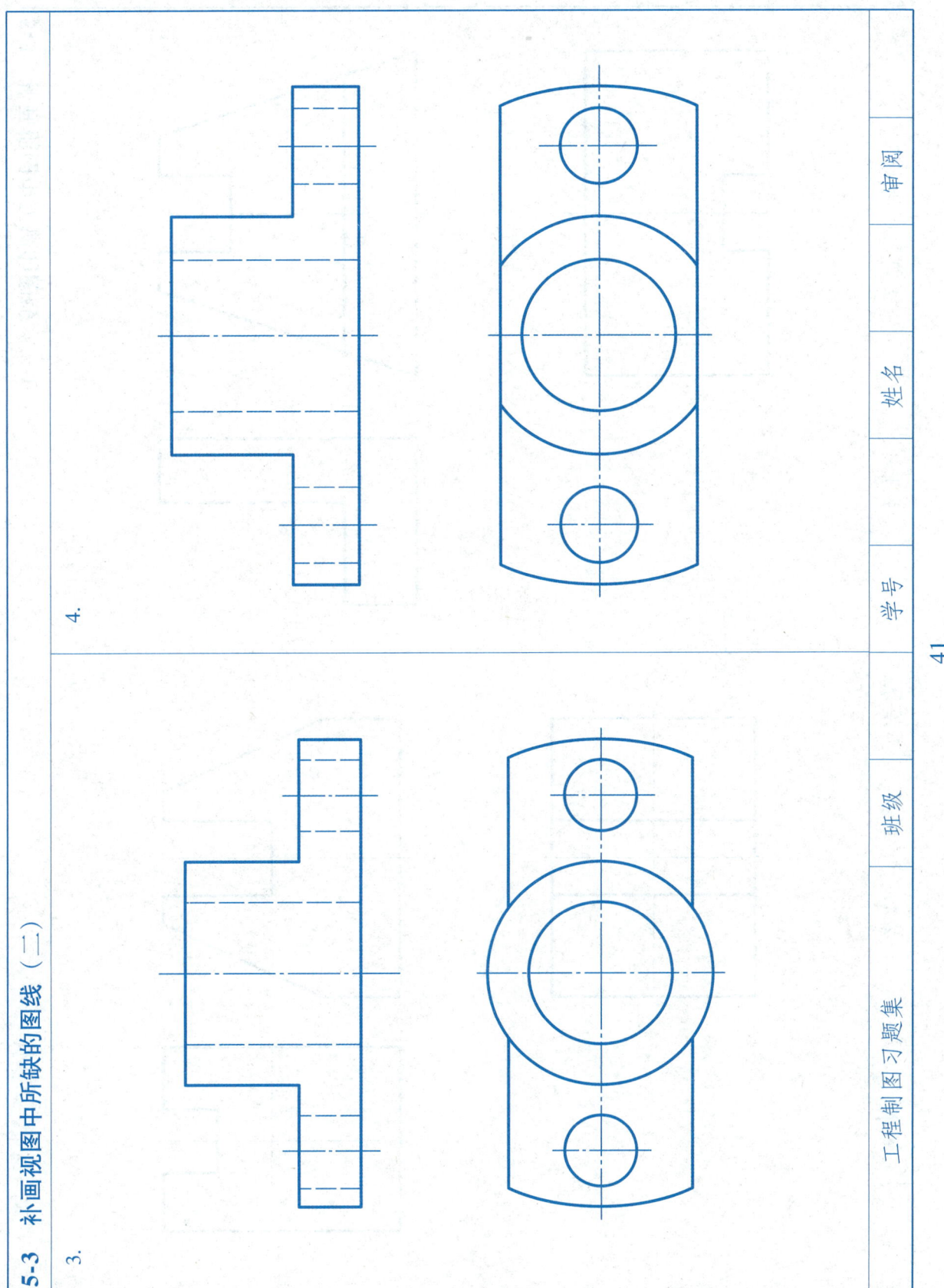

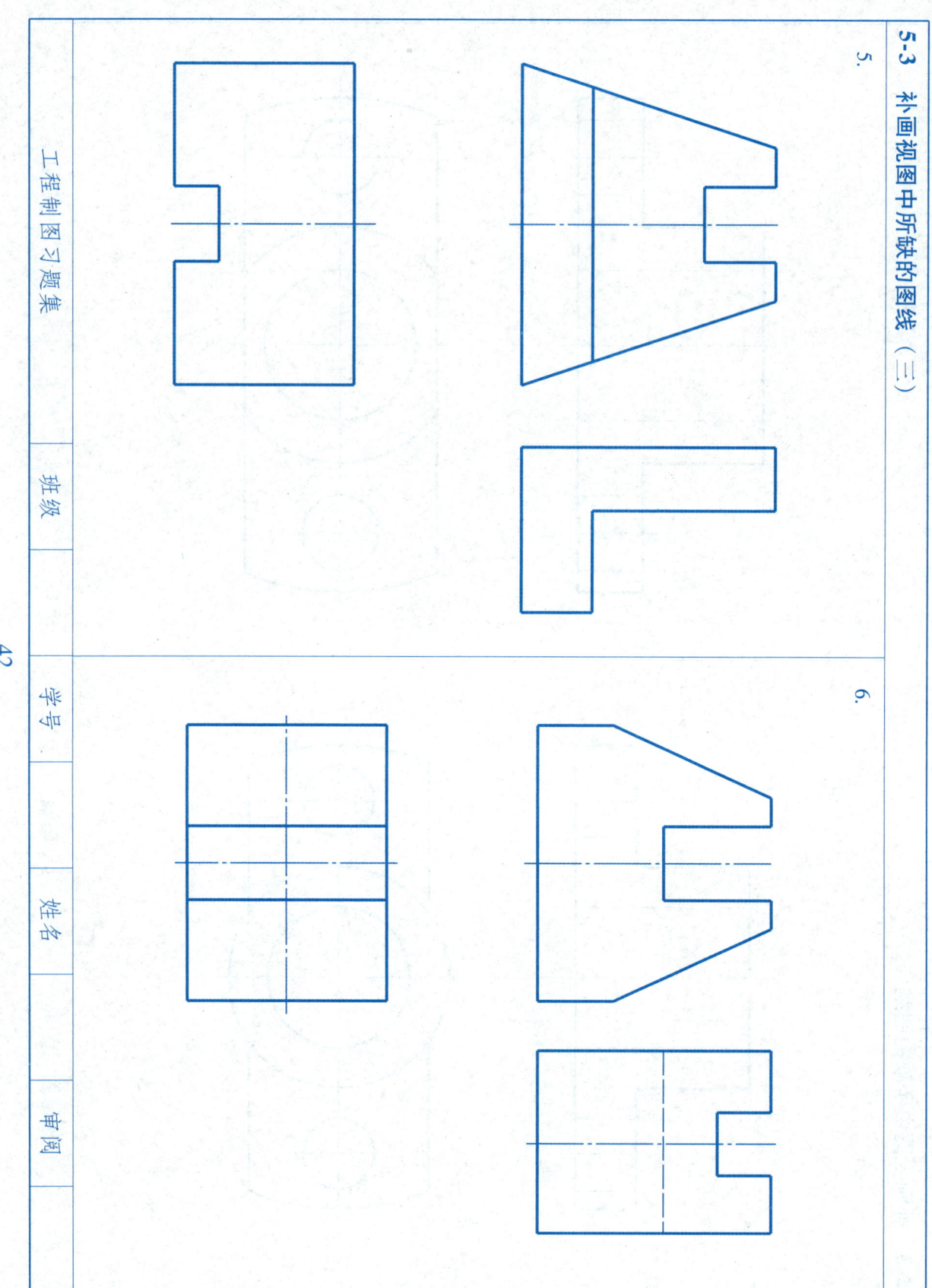

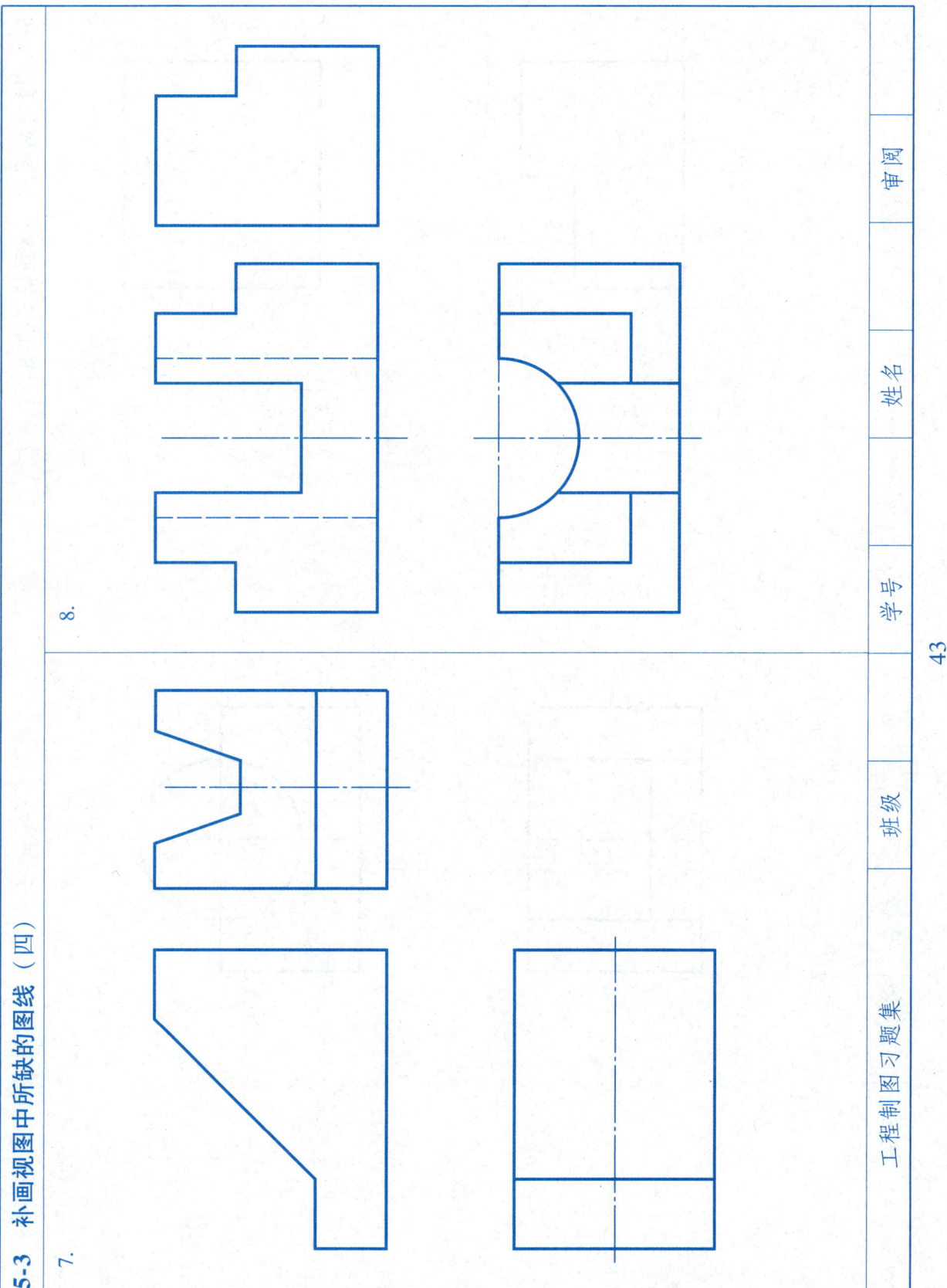

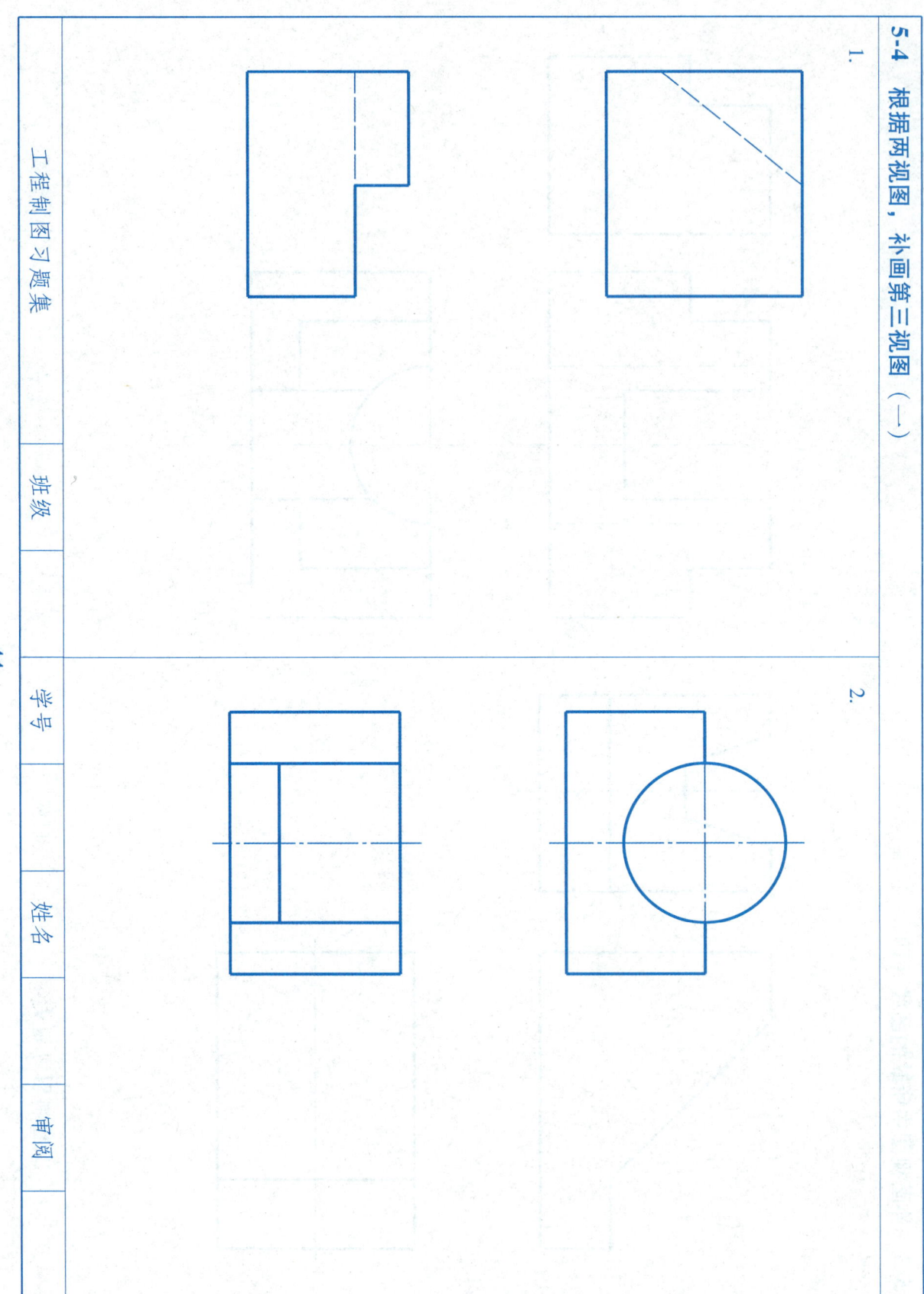

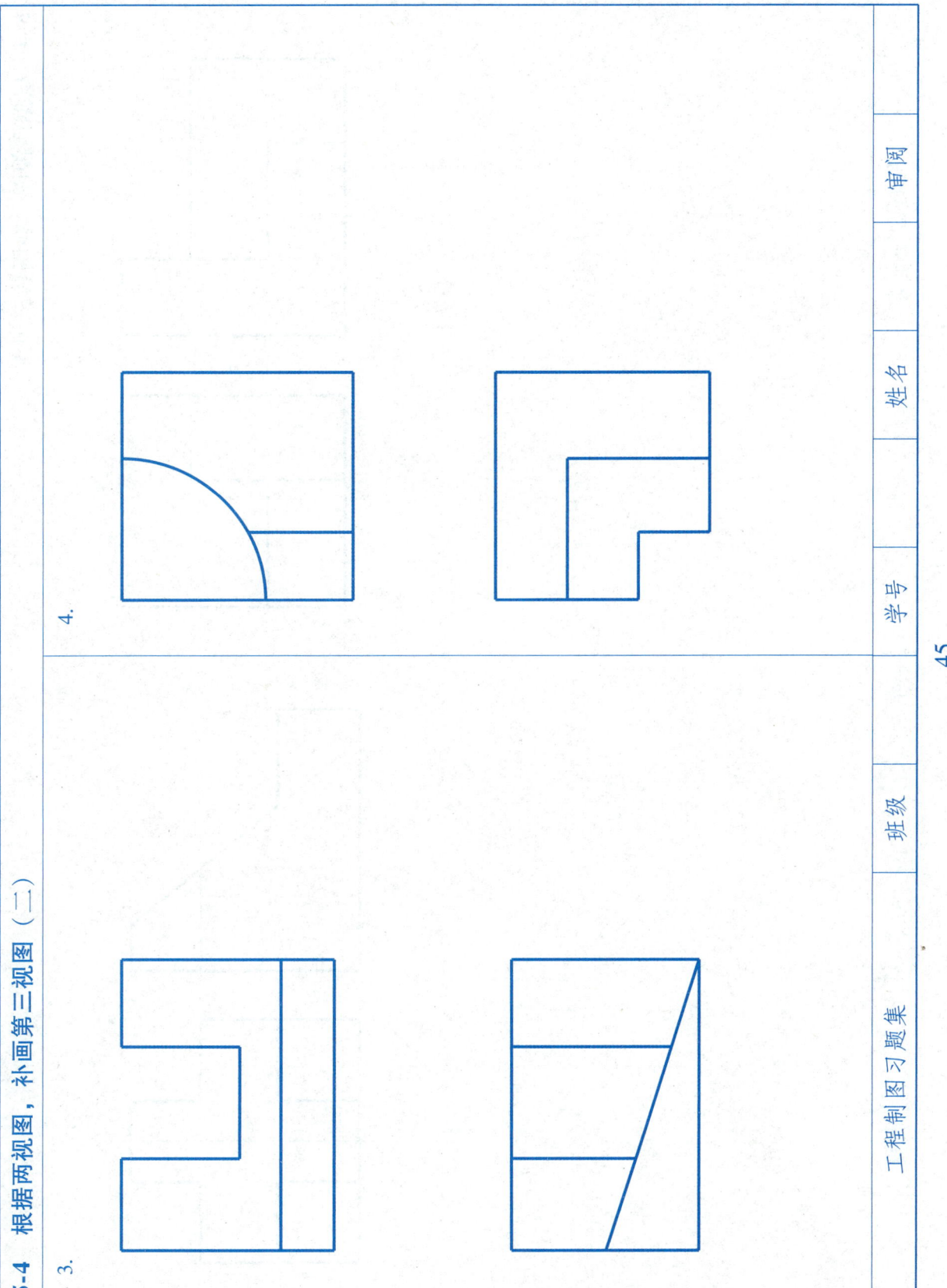

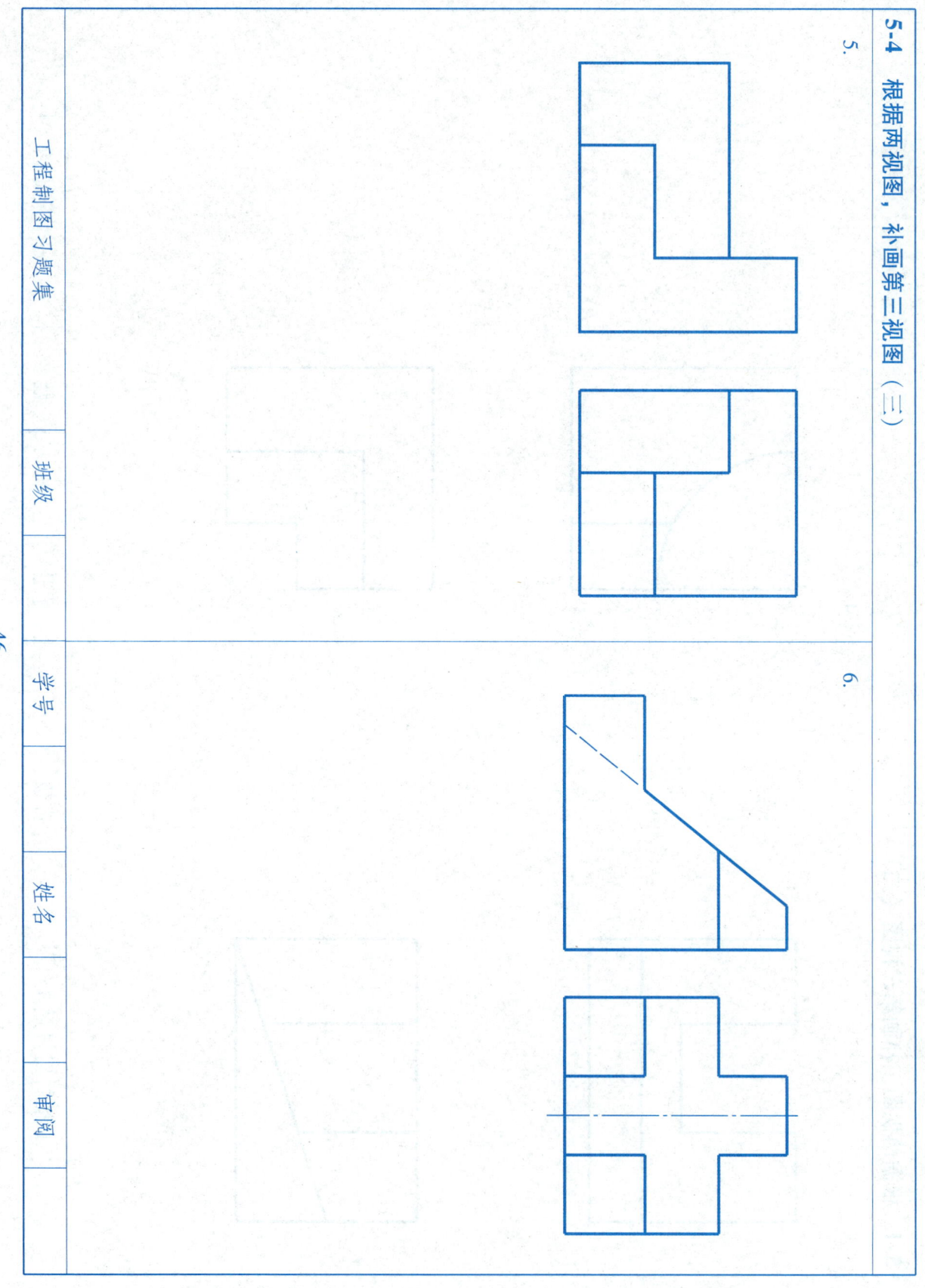

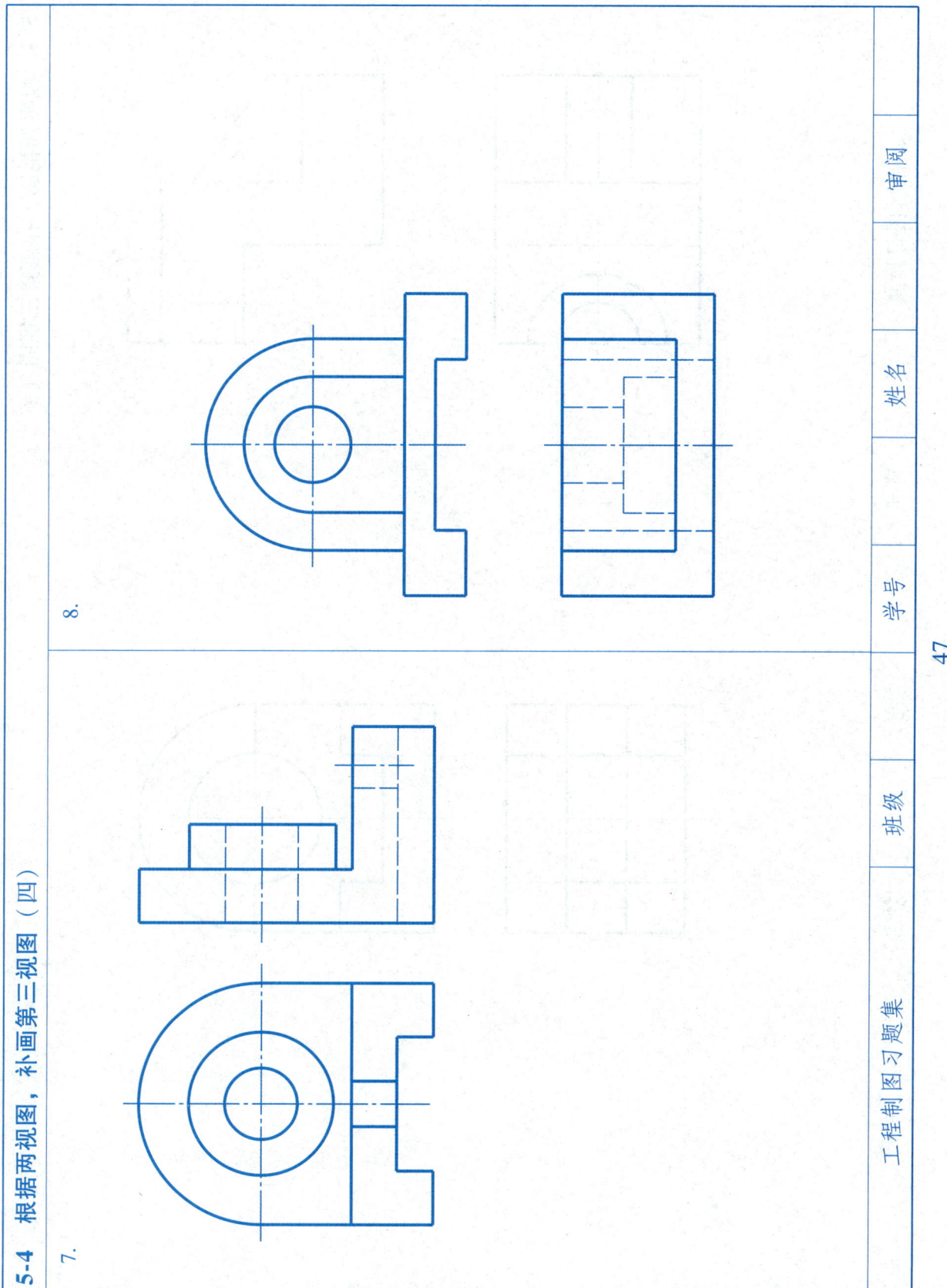

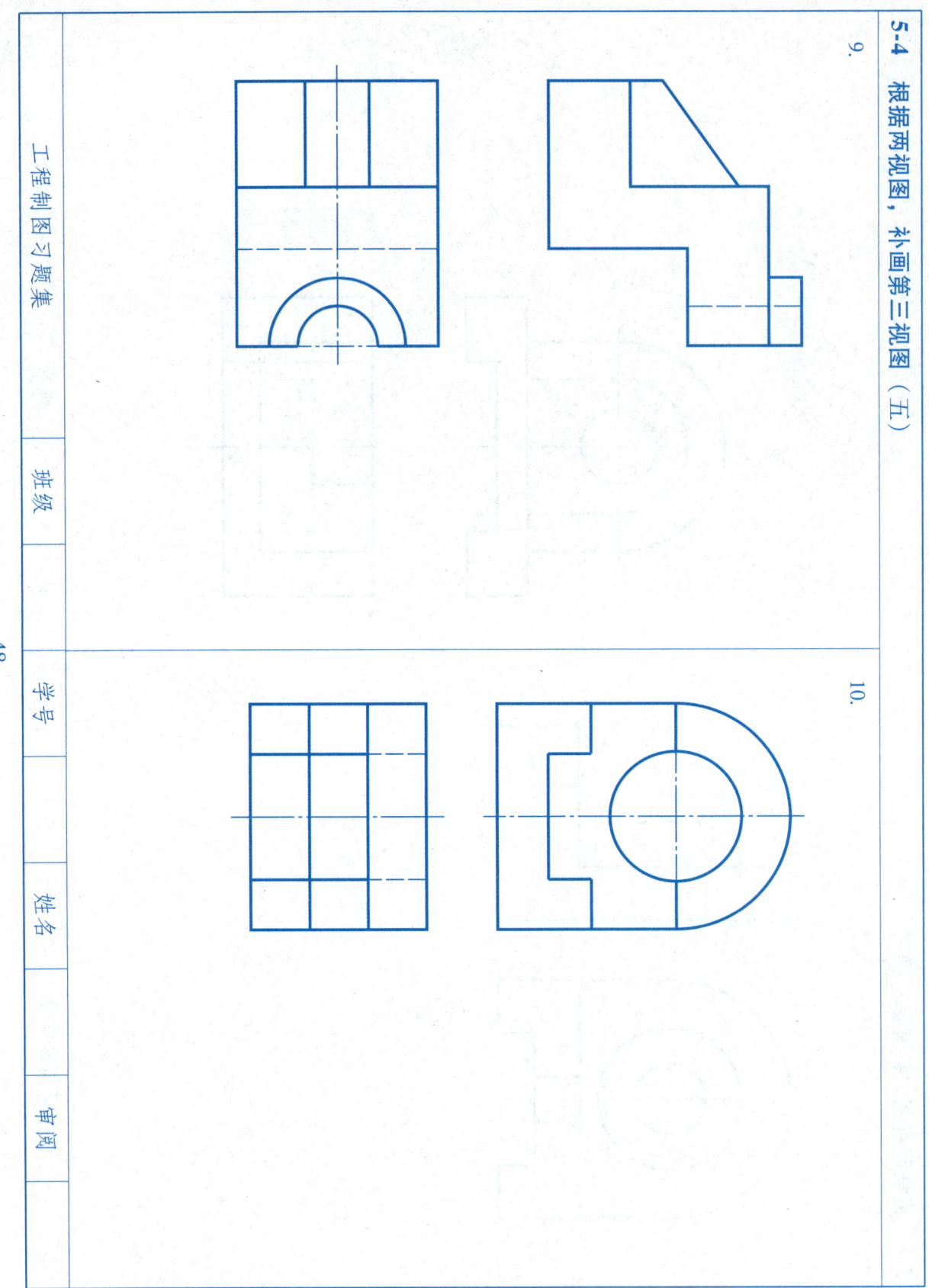

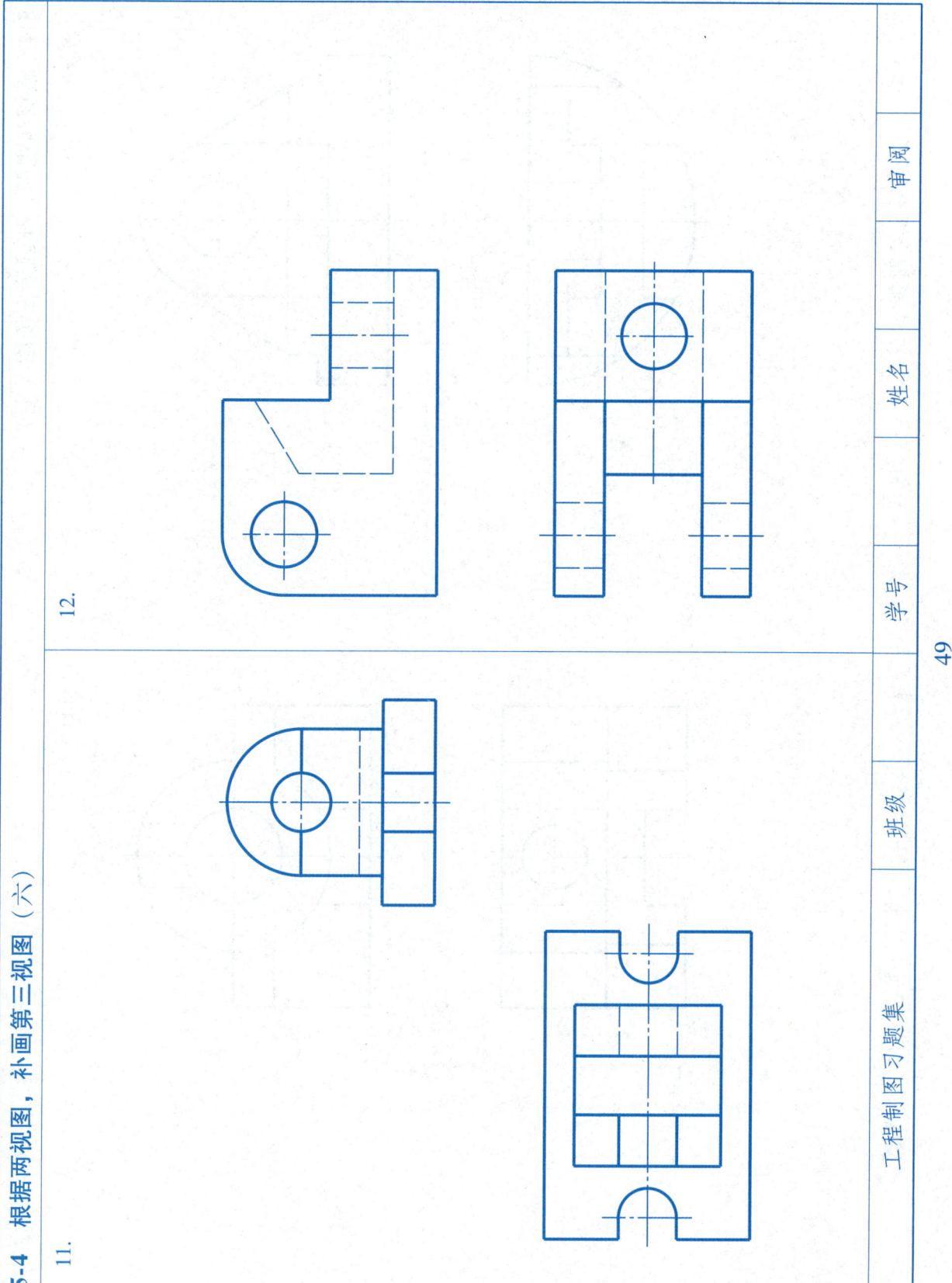

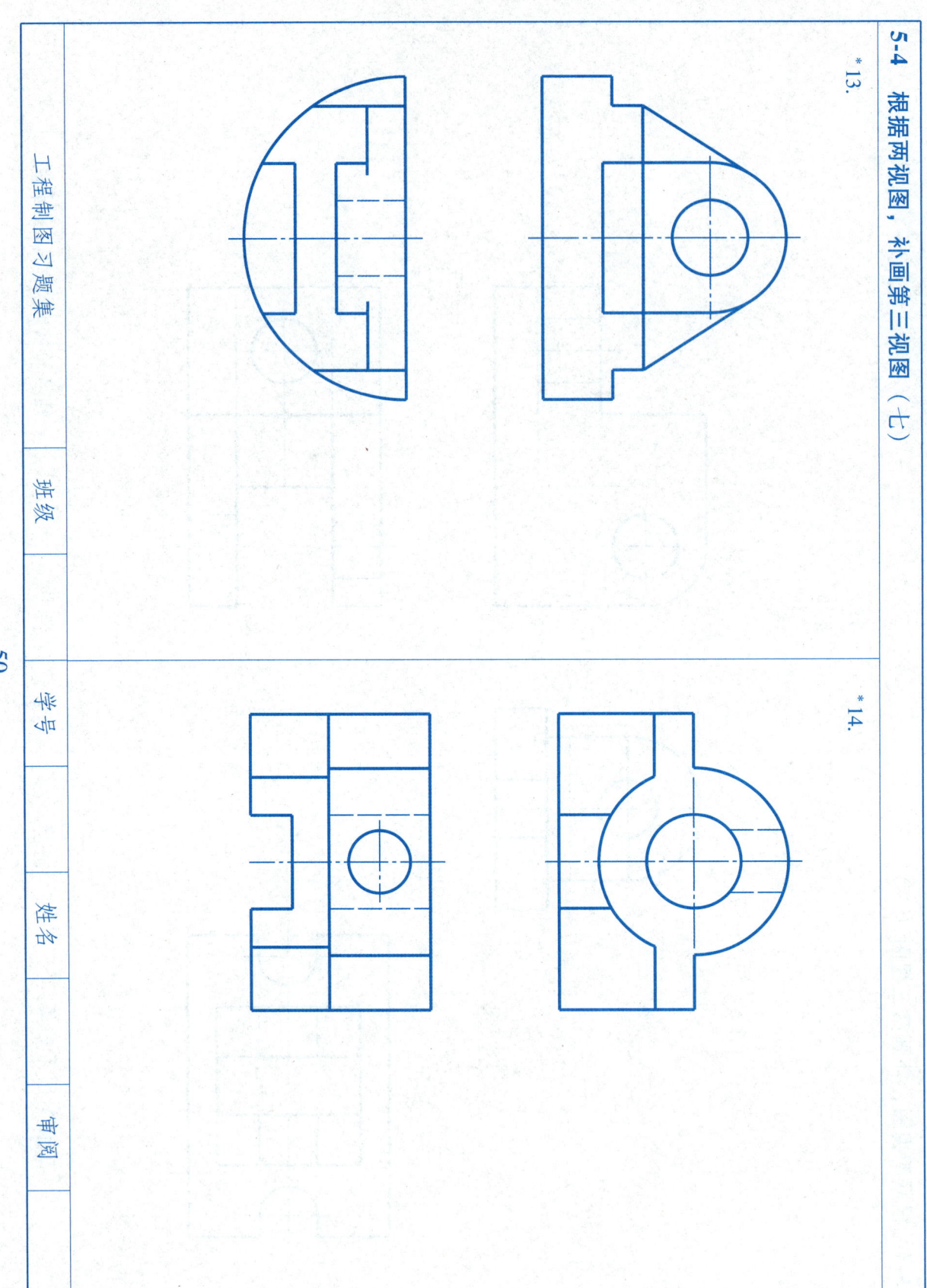

5-5　画组合体模型

作业目的和要求

1. 目的：根据模型画组合体三视图，学习组合体的尺寸标注（图中孔为通孔）。
2. 要求：应用形体分析法画图和标注尺寸，选择反映组合体各组成部分形状和位置特征的方向作为主视图的投射方向。

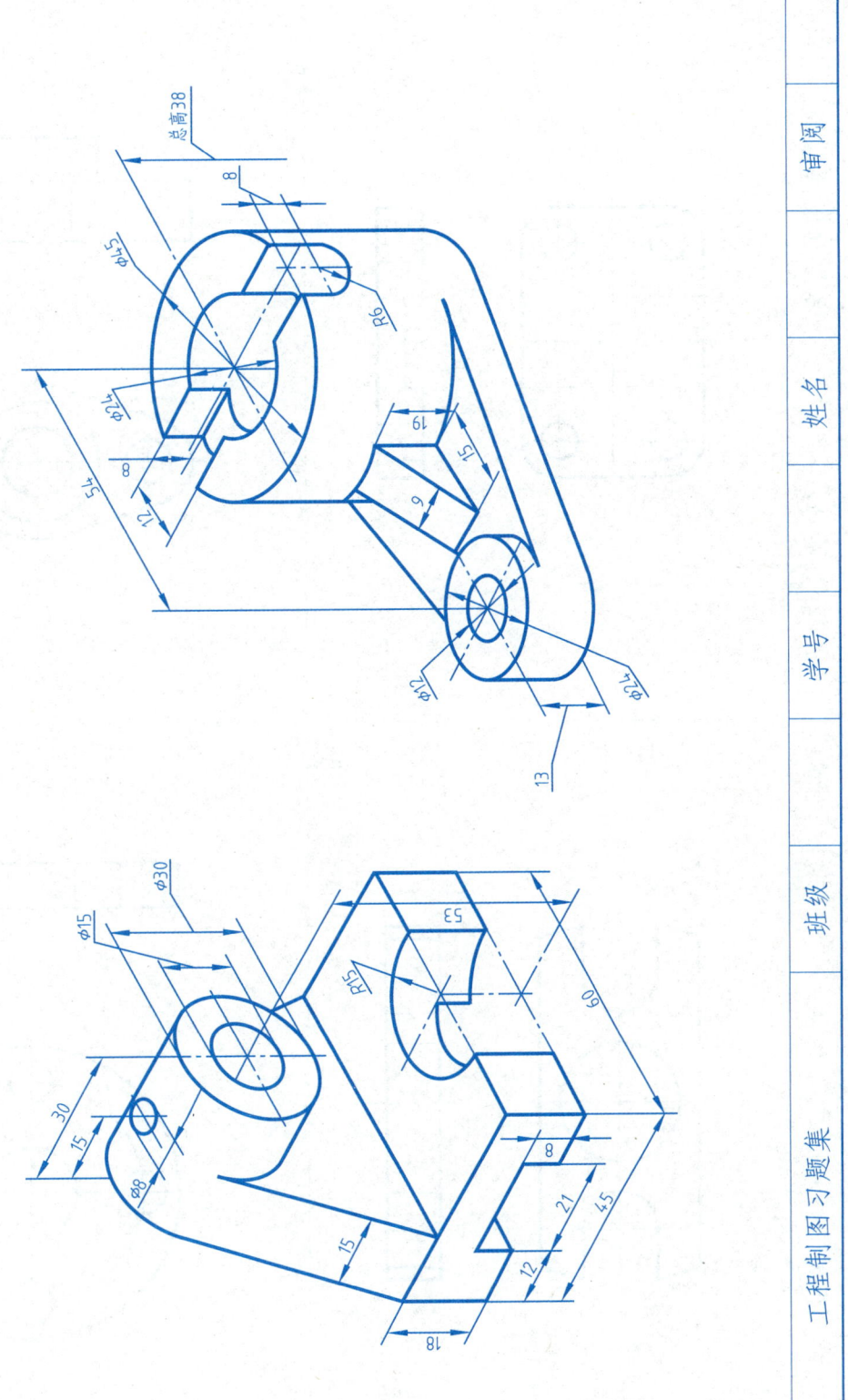

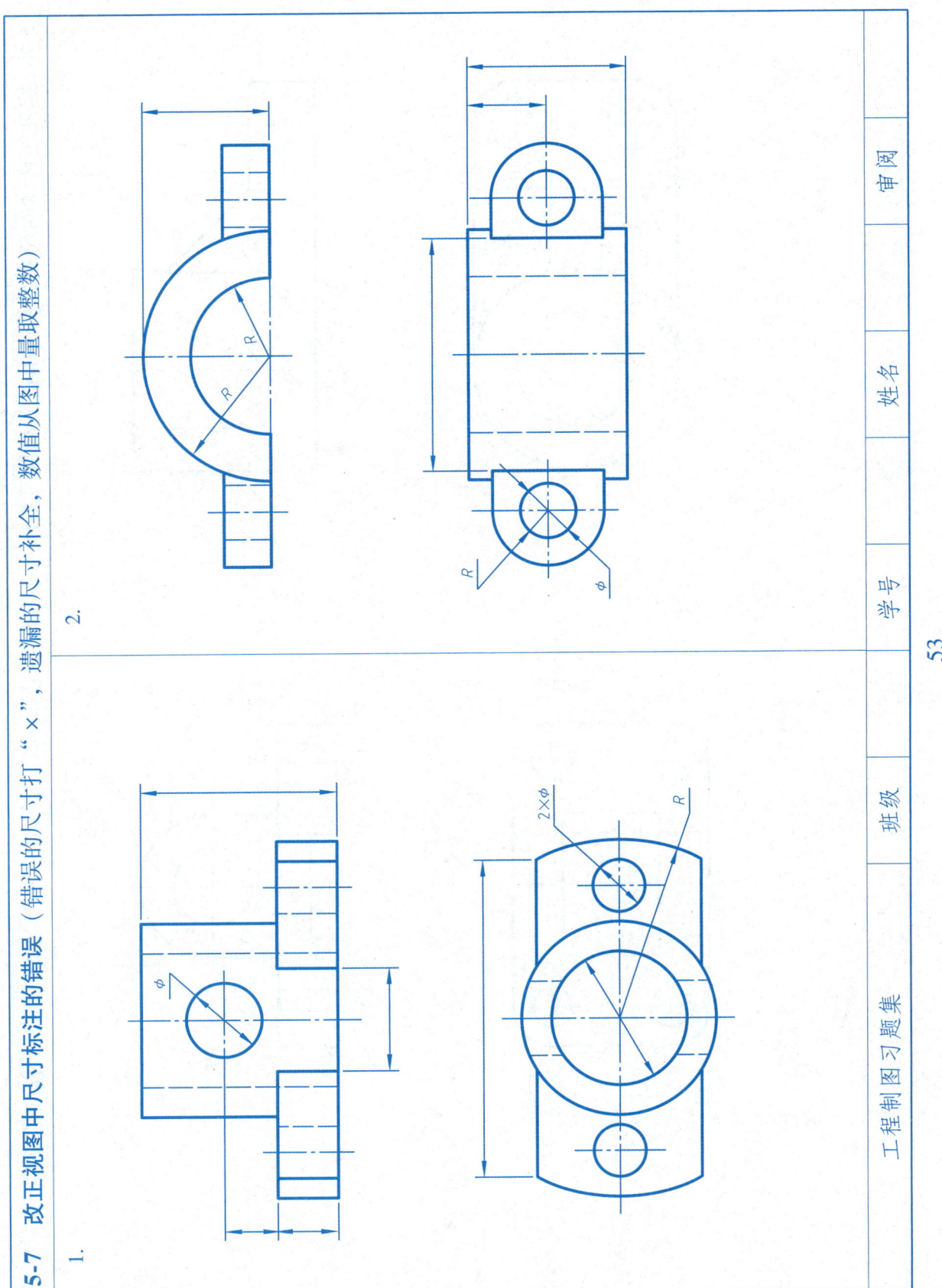

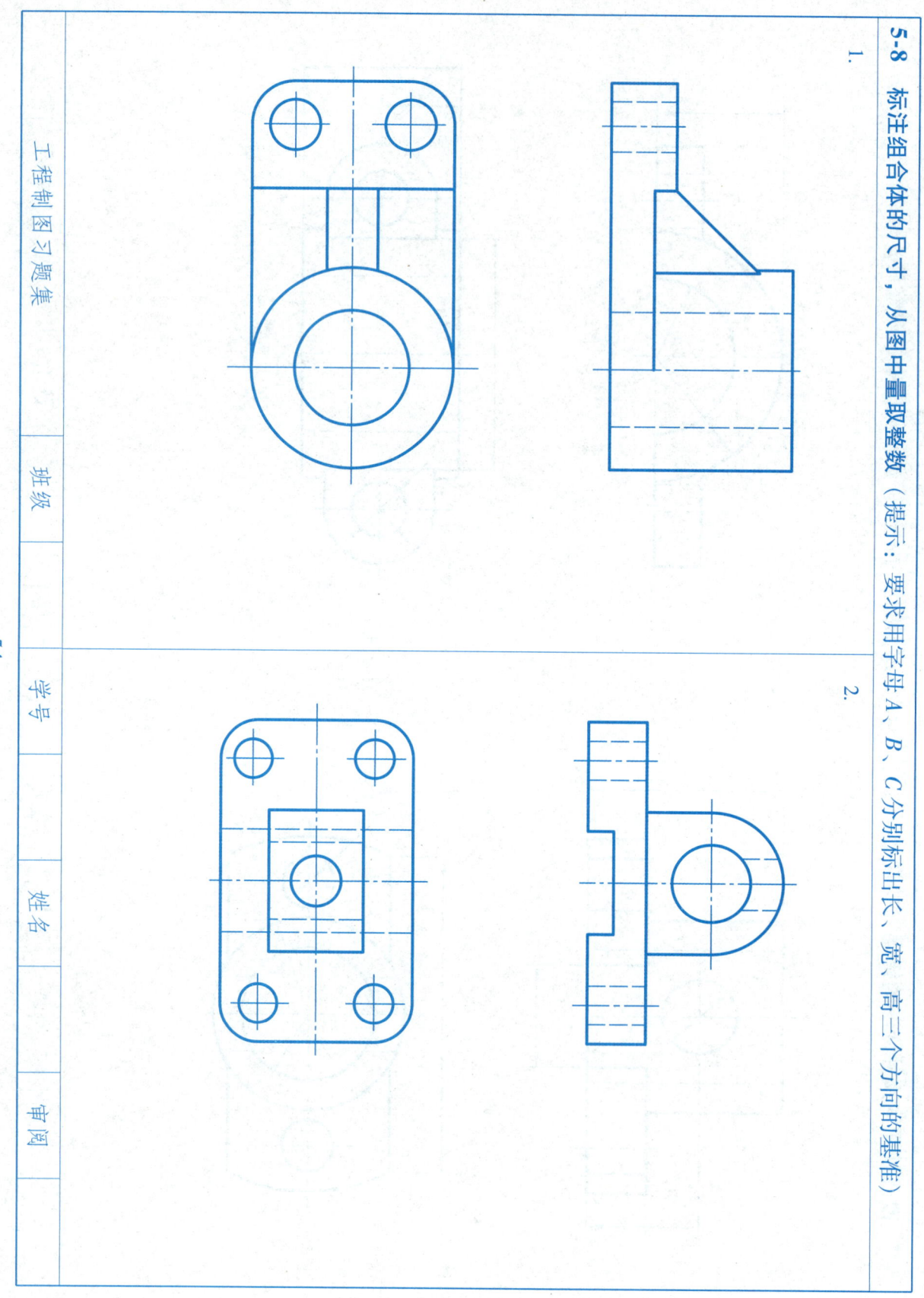

5-9 构形设计（一）

1. 看题（1）所示两视图想物体的形状，如把俯视图变成题（2）、（3）所示图形，而主视图相应部分高度不变，试构思形体，画出它们的主视图。

(1)　　(2) 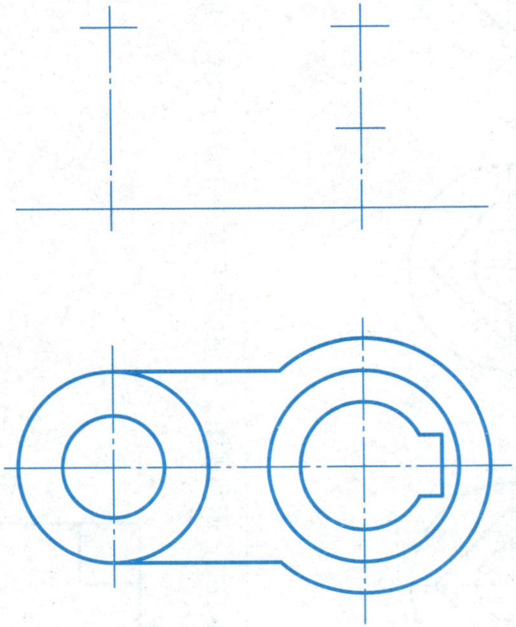　　(3)

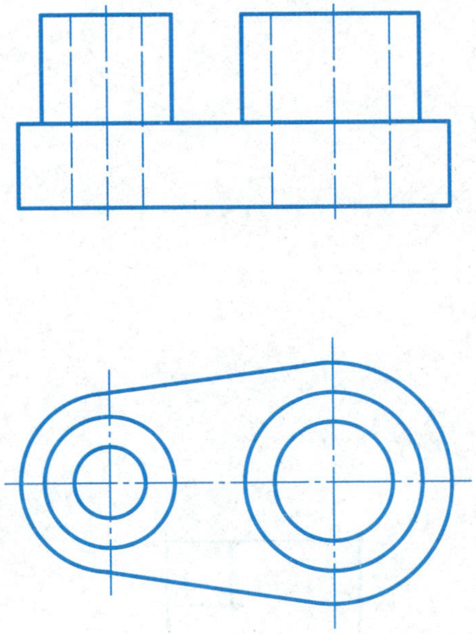

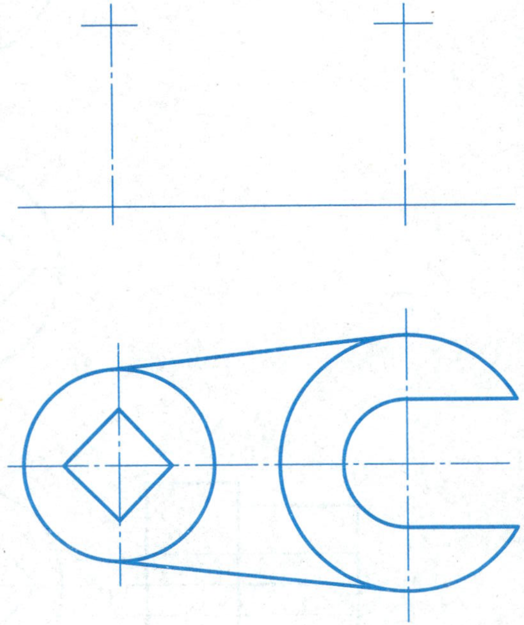

工程制图习题集

2. 想图（1）所示物体的形状，分别构思出不同形状的物体，并画出它们的主视图。

3. 已知物体的主、俯两视图，分别构思出三个不同的物体，并画出它们的左视图。

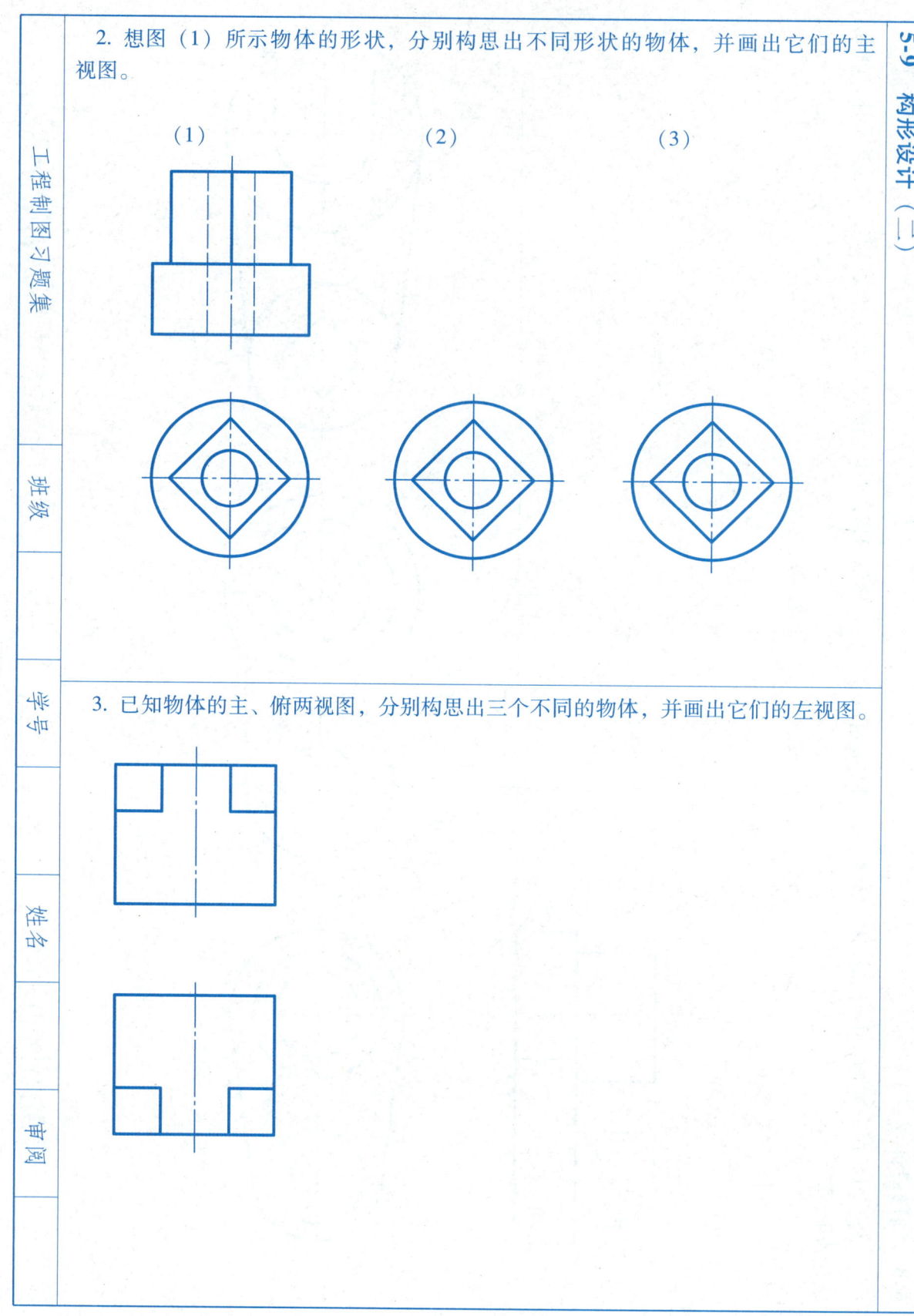

5-9 构形设计（三）

4. 将下列图形绕 OO_1 轴旋转一周，试构思物体的形状并画出物体的主、俯视图。

    (1) OO_1 垂直于 H 面   (2) OO_1 垂直于 V 面

第六章 图样的基本表示法

6-1 基本视图

补画右视图、后视图和仰视图。

6-2 局部视图和斜视图

在指定位置作 A 向局部视图和 B 向斜视图（注：下端法兰为方形，方形的四个圆角为 R5）。

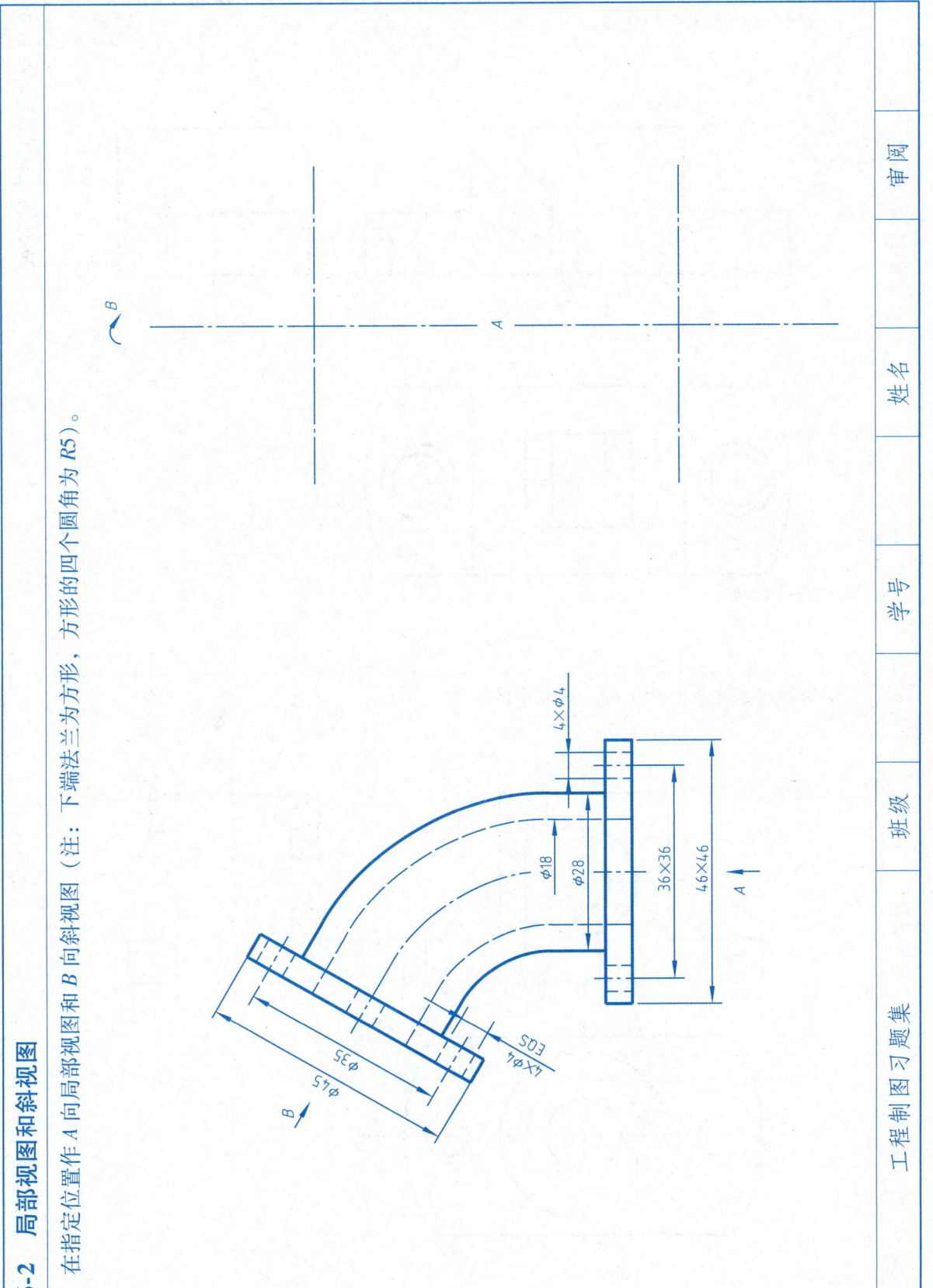

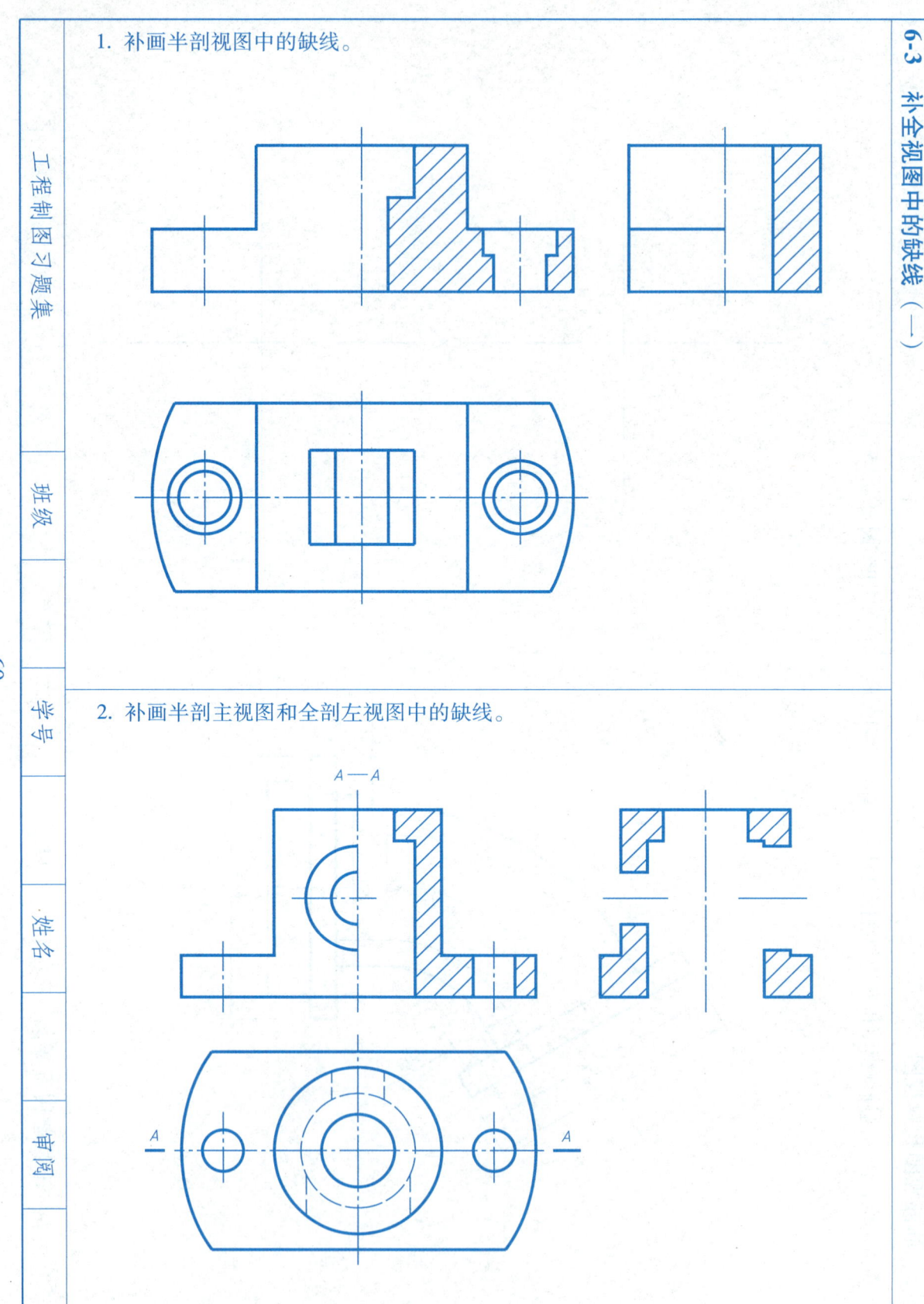

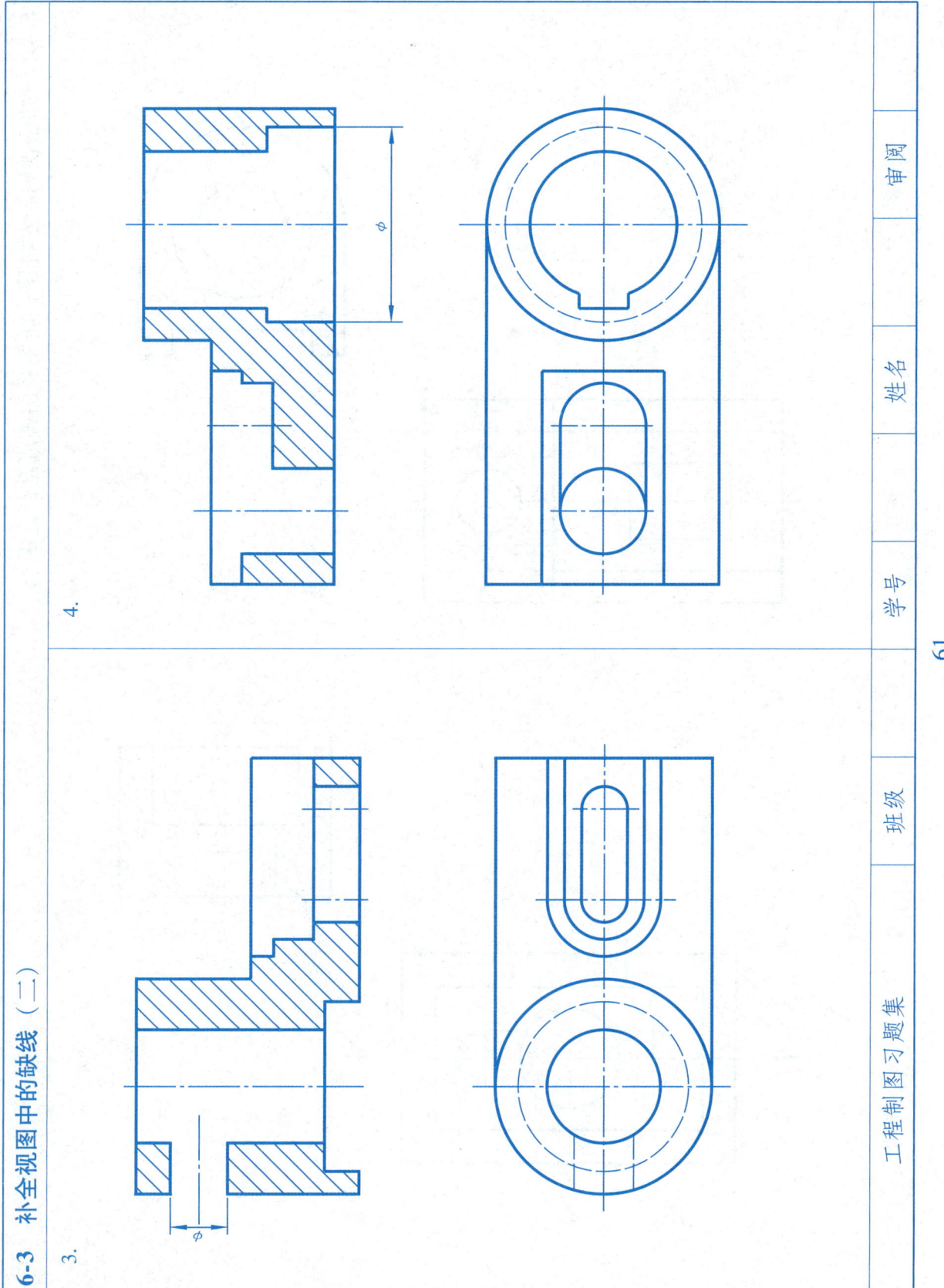

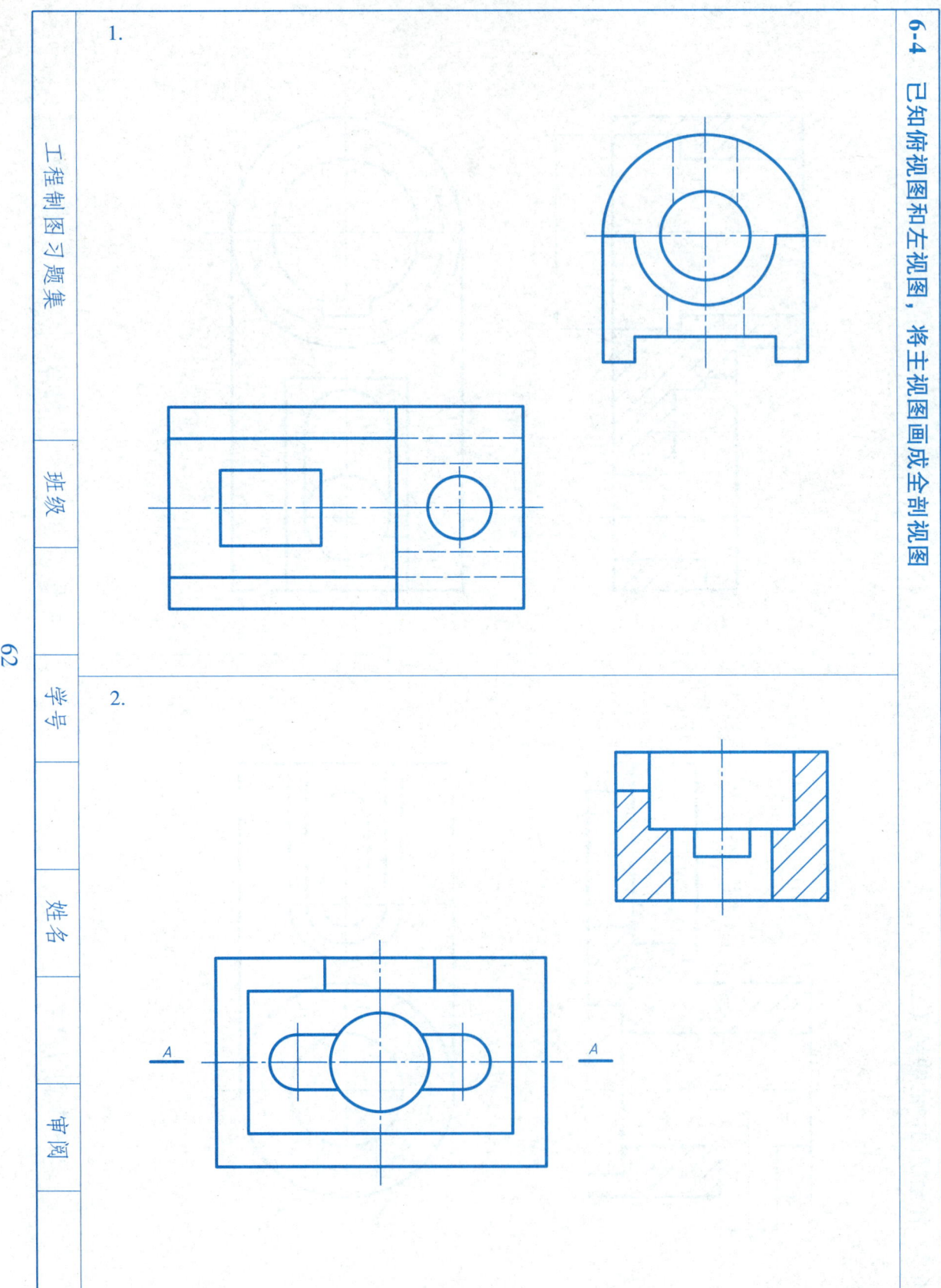

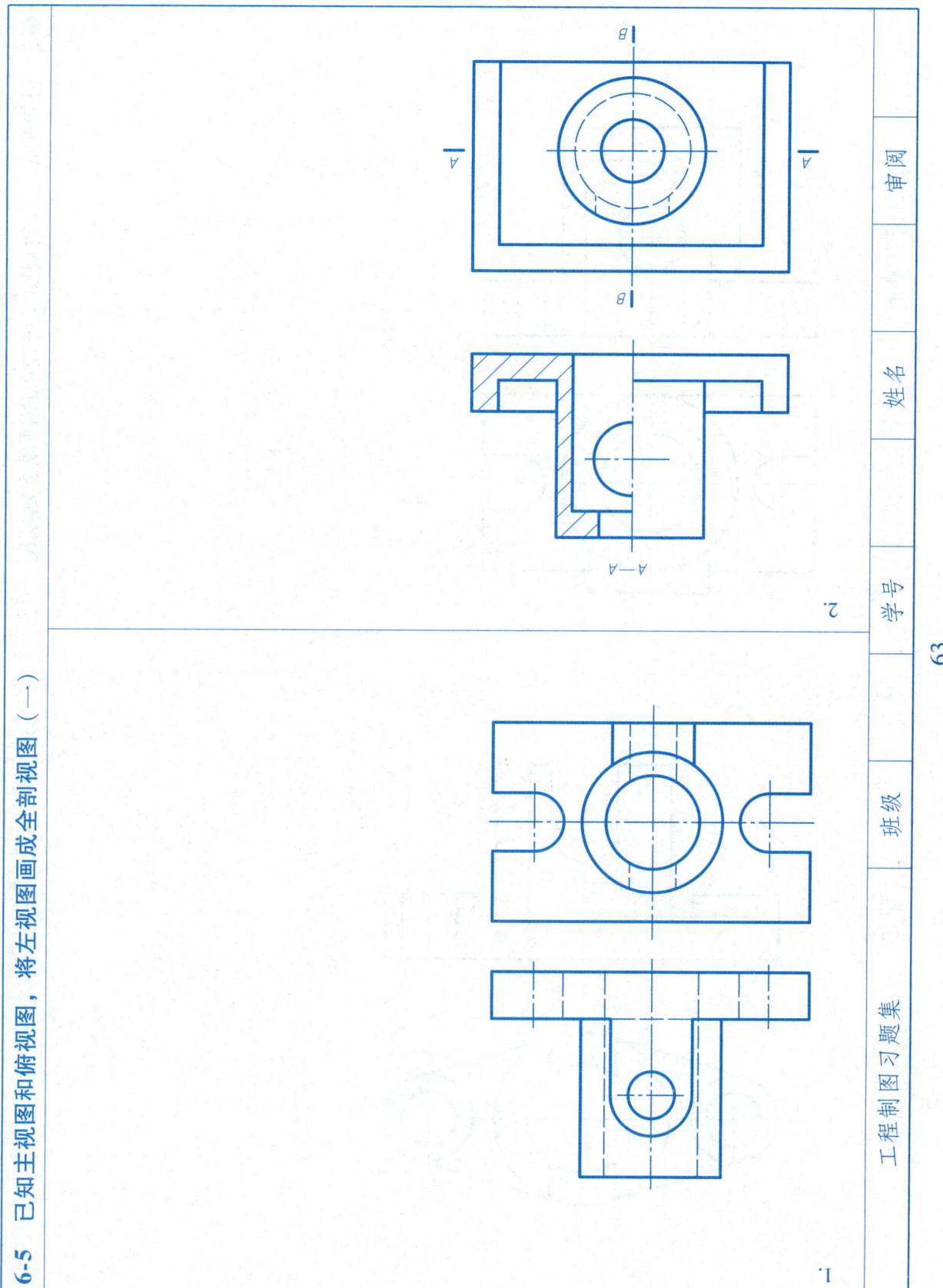

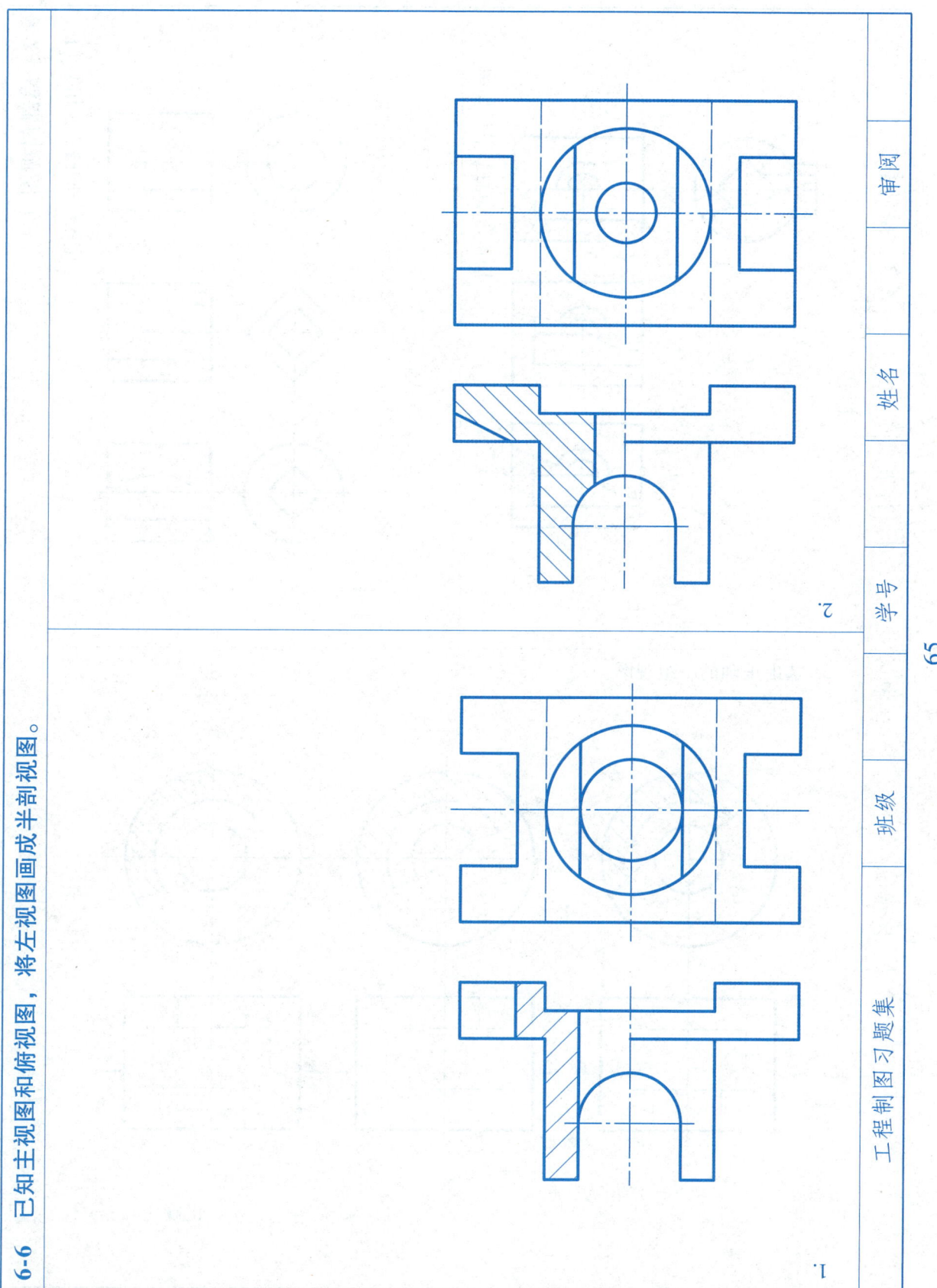

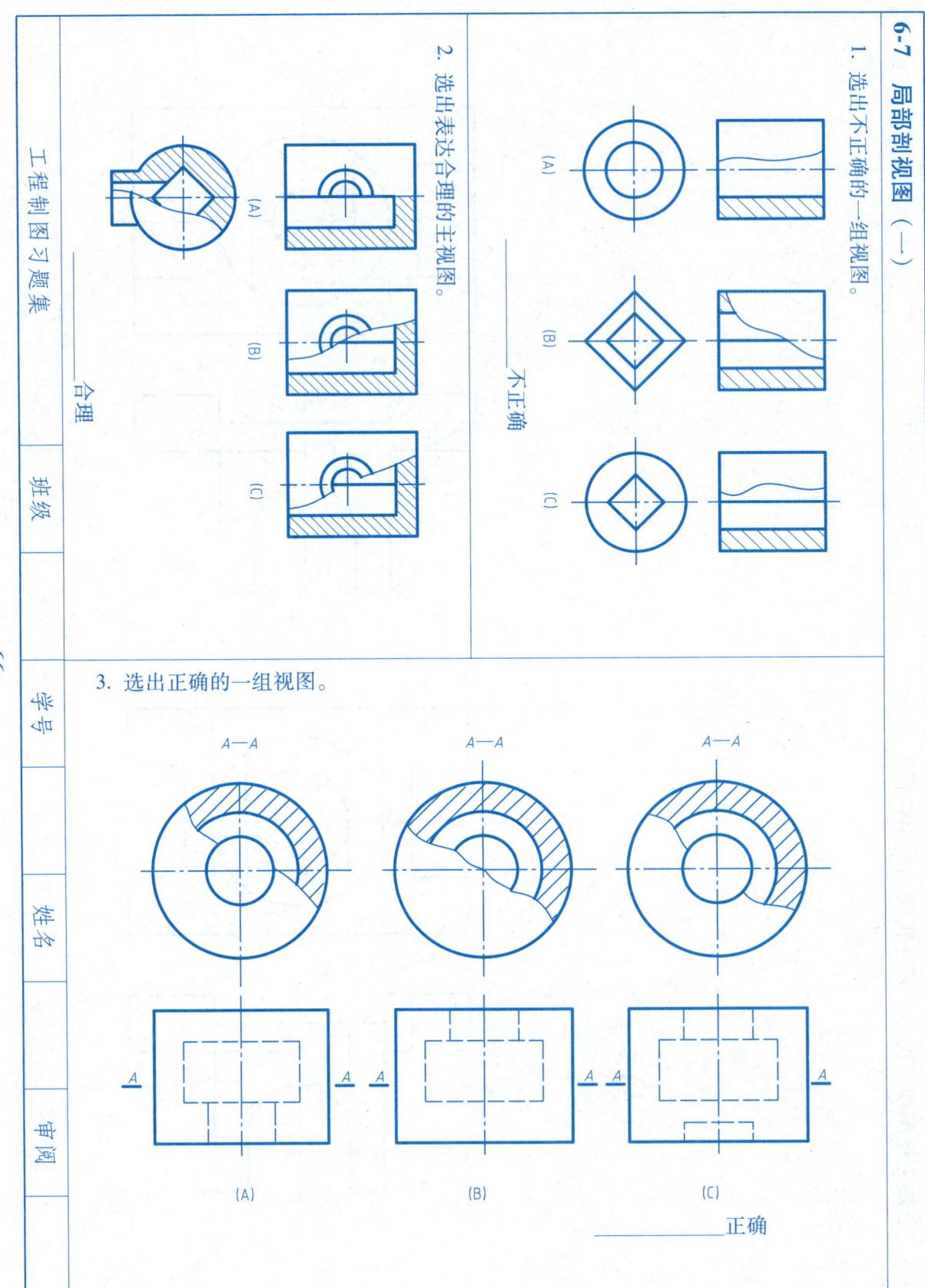

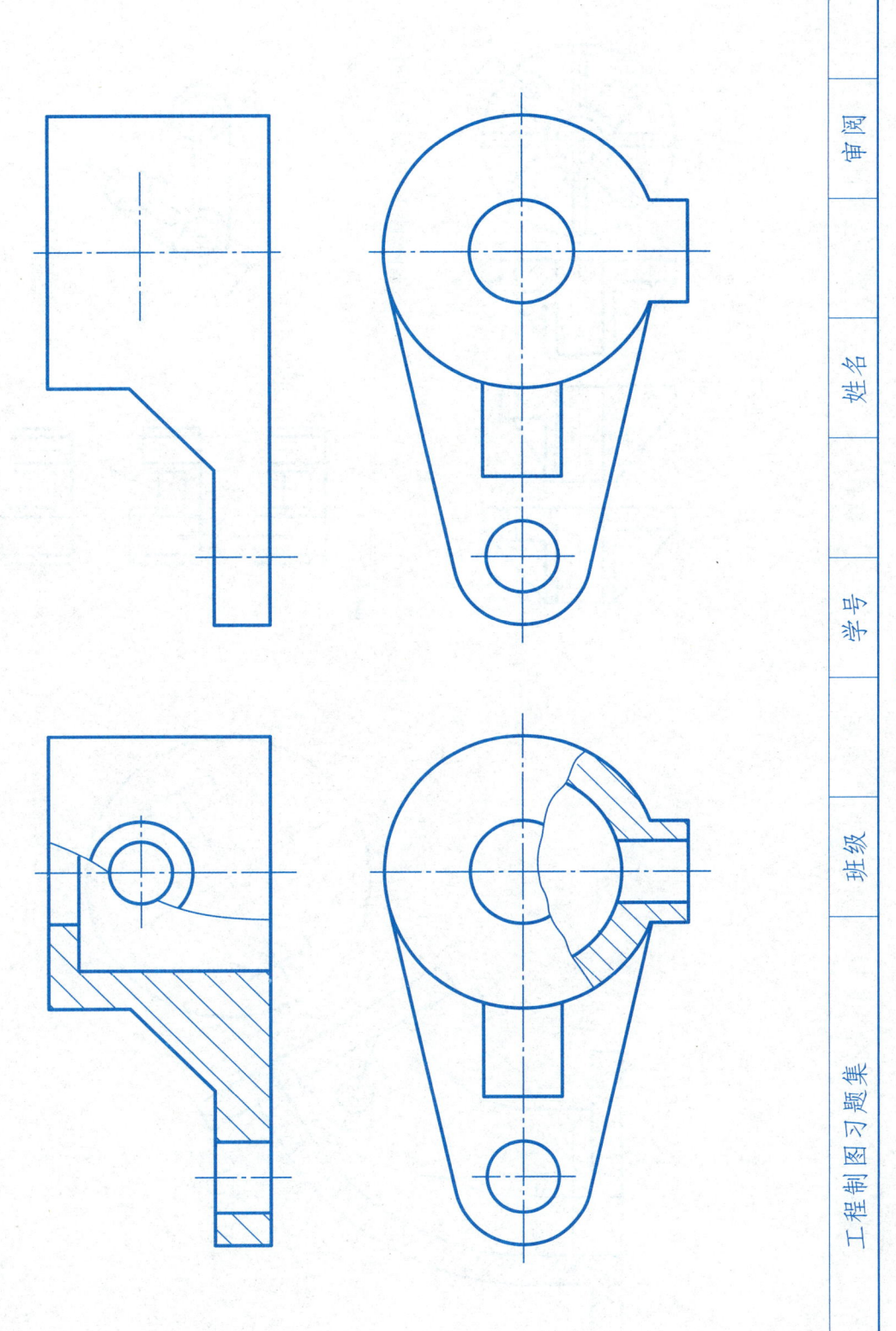

6-7 局部剖视图（二）

4. 指出局部剖视图中的错误，并在右边指定位置处补画出正确的局部剖视图。

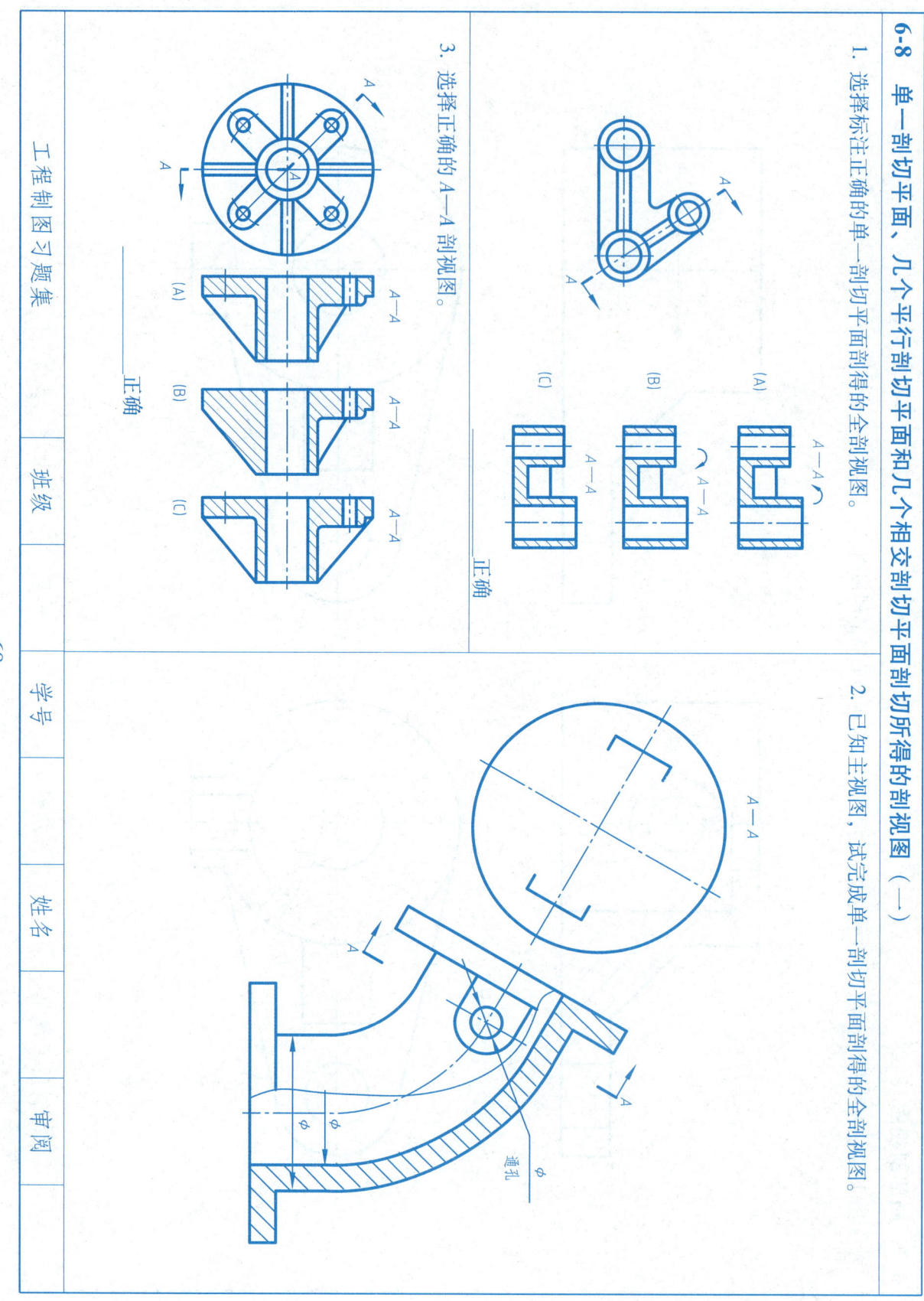

6-8 单一剖切平面、几个平行剖切平面和几个相交剖切平面剖切所得的剖视图（三）

4. 补画 A—A 剖视图。

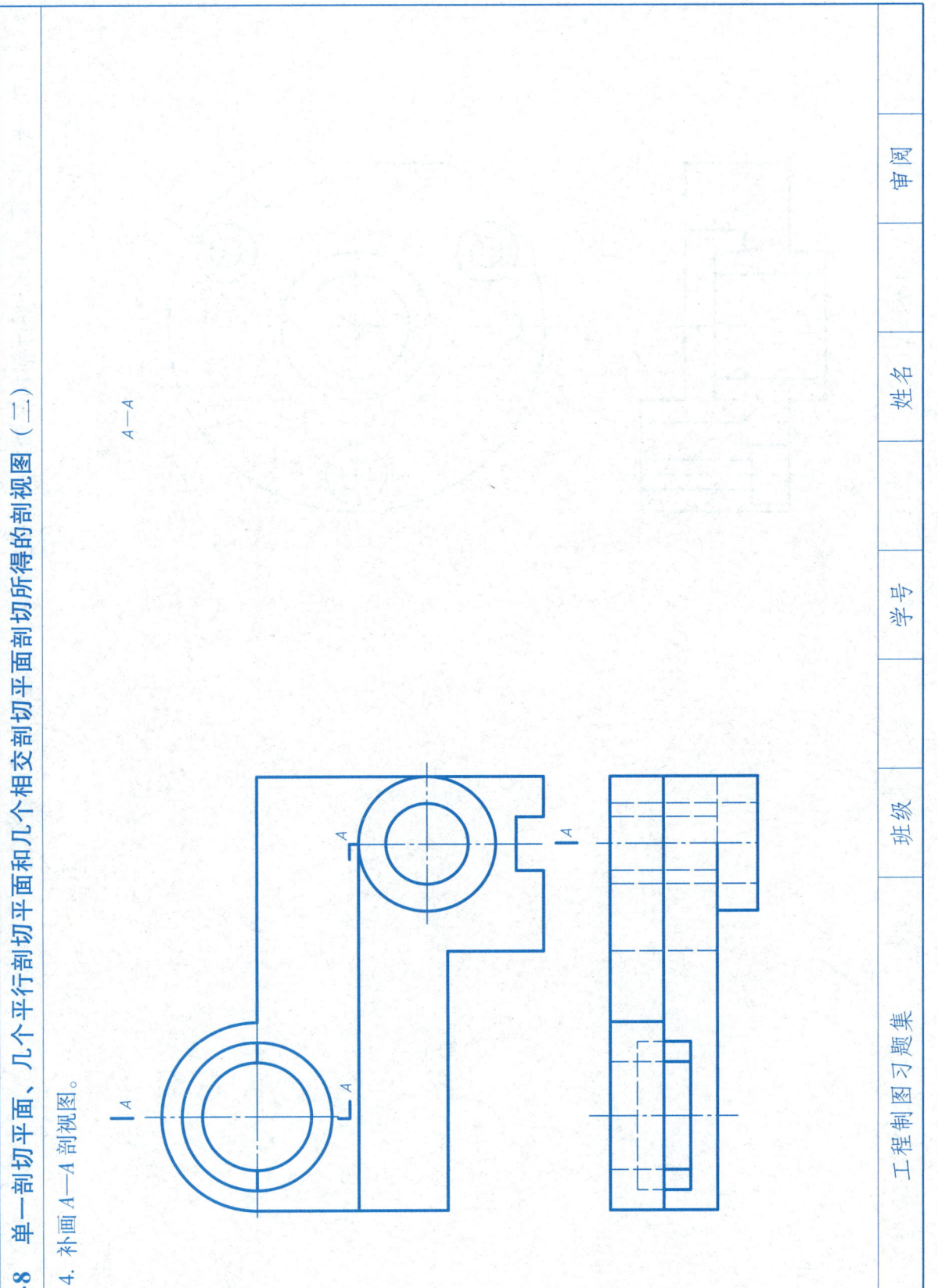

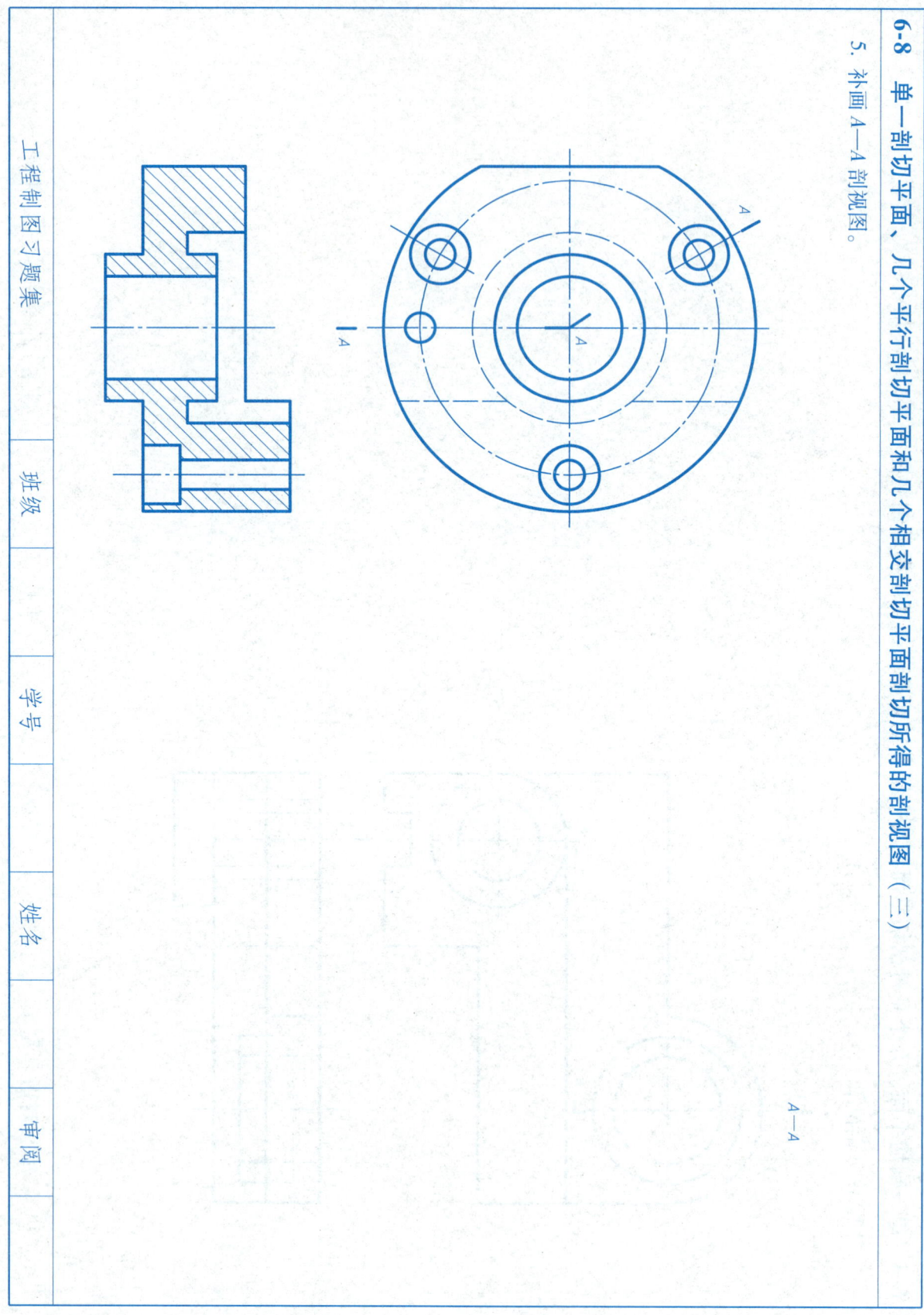

6-9 断面图（一）

1. 画出图中指定的断面图。

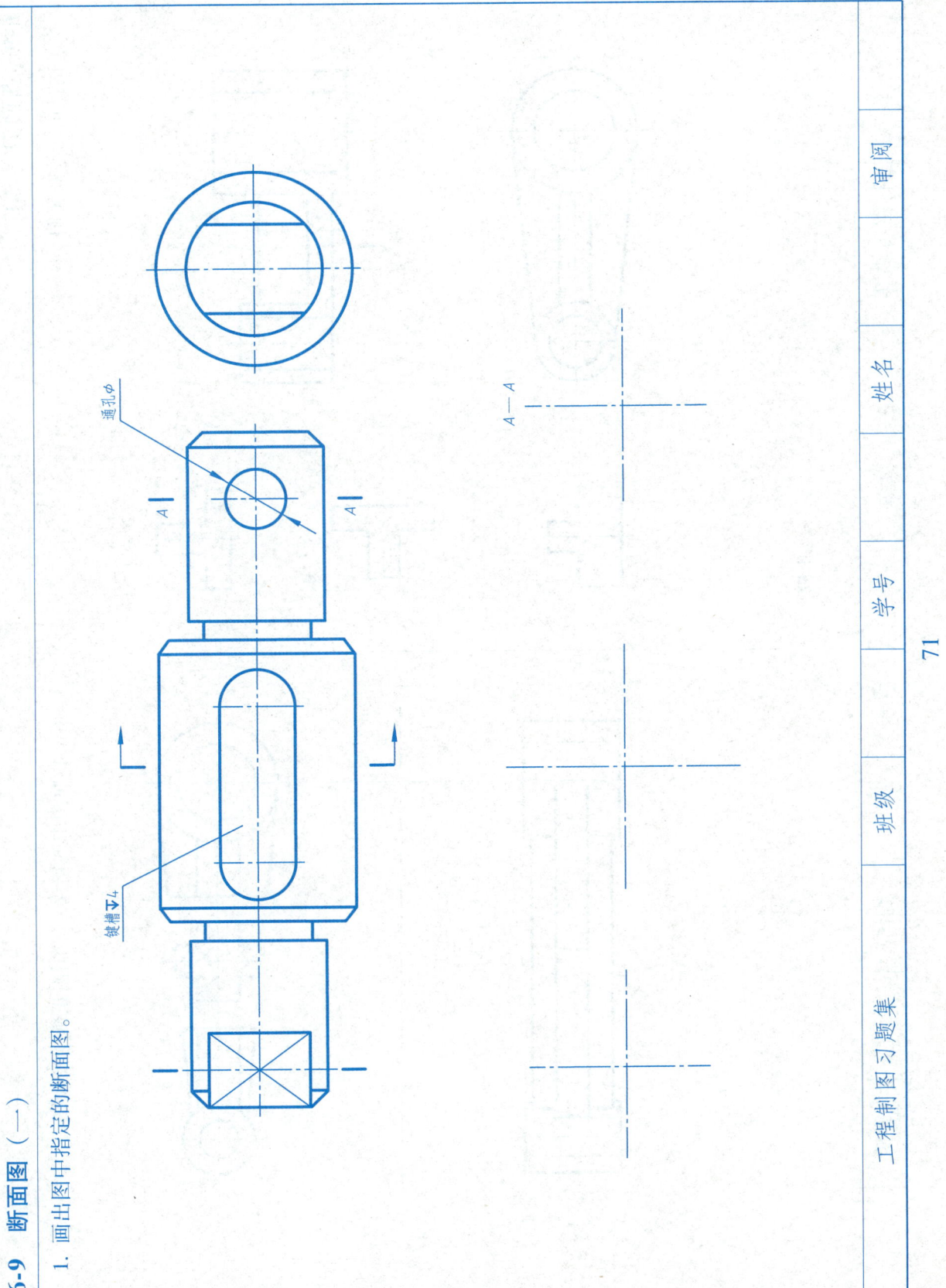

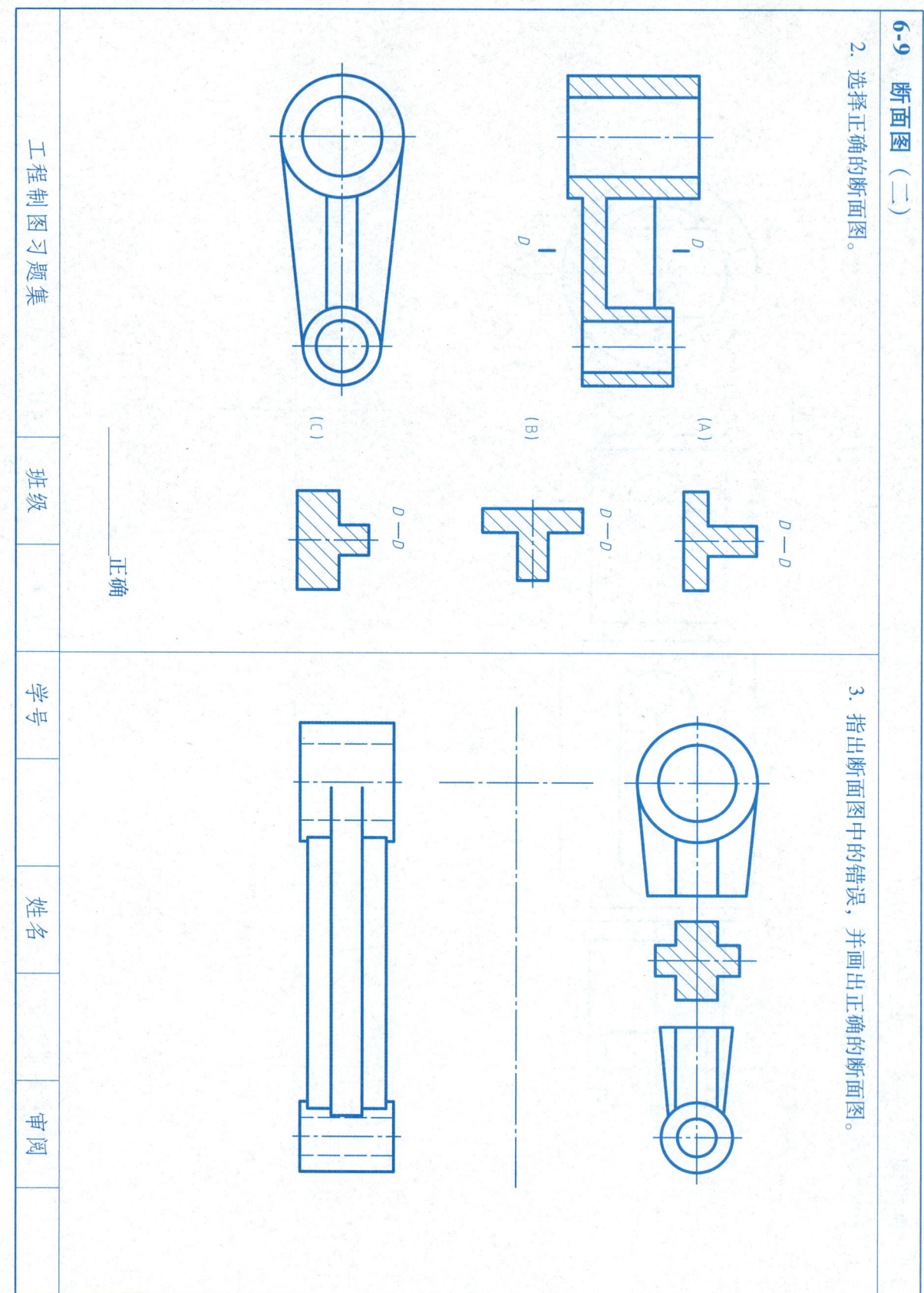

第七章 图样的特殊表示法

7-1 螺纹紧固件

1. 说明螺纹标记的意义，并按要求填表。

标 记	螺纹种类	内(外)螺纹	螺纹大径	导程(螺距)	线数	中径、顶径公差带代号	旋向	旋合长度
M16-6H-LH								
M20×2-5g6g-S								
Tr24×10(P5)LH-7H								
G1/4LH								

2. 查表确定螺纹紧固件的尺寸，并写出规定标记。

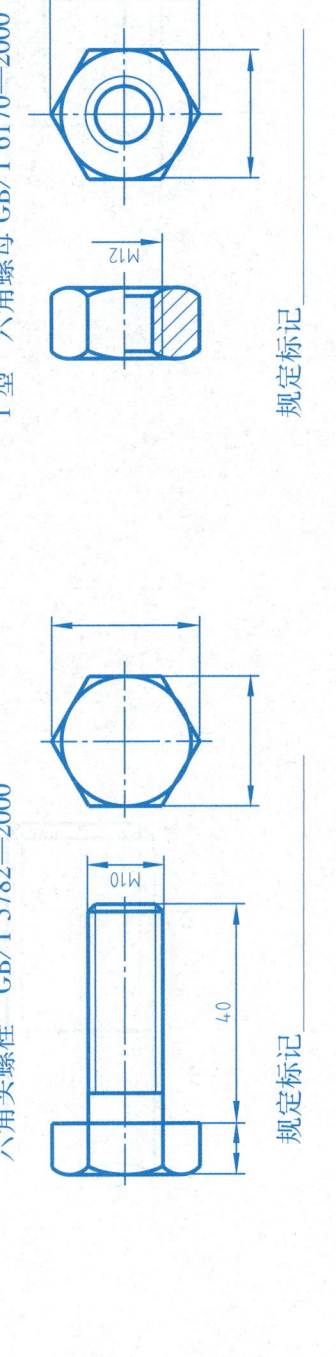

六角头螺栓 GB/T 5782—2000

规定标记

1型 六角螺母 GB/T 6170—2000

规定标记

7-2 螺纹尺寸标注

1. M20×1-6g

2. M20-7H

3. G1/2

4. Tr24×5LH-7e

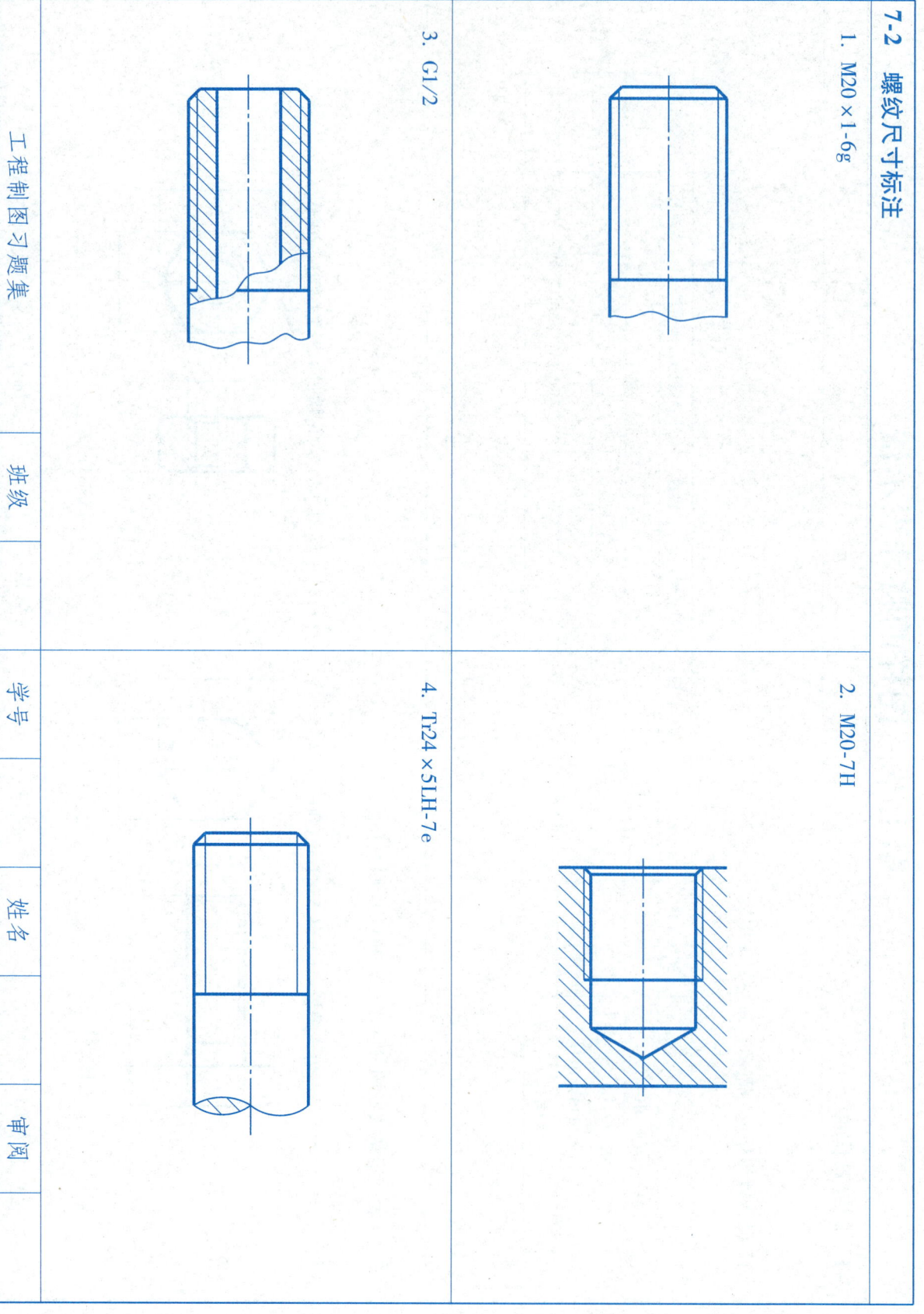

7-3 内、外螺纹及其连接画法

1. 指出外螺纹画法中的错误，在下面画出正确的外螺纹。

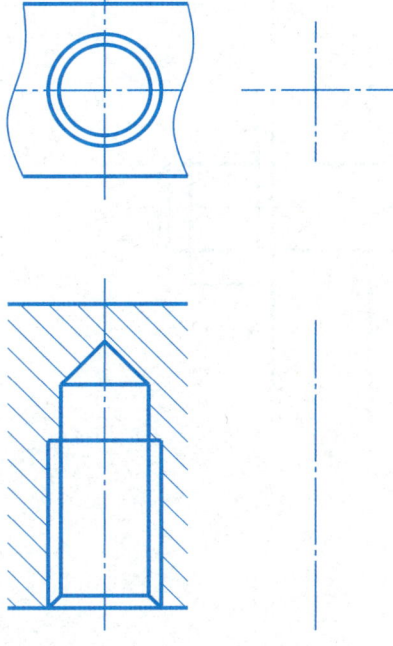

2. 指出内螺纹画法中的错误，在下面画出正确的内螺纹。

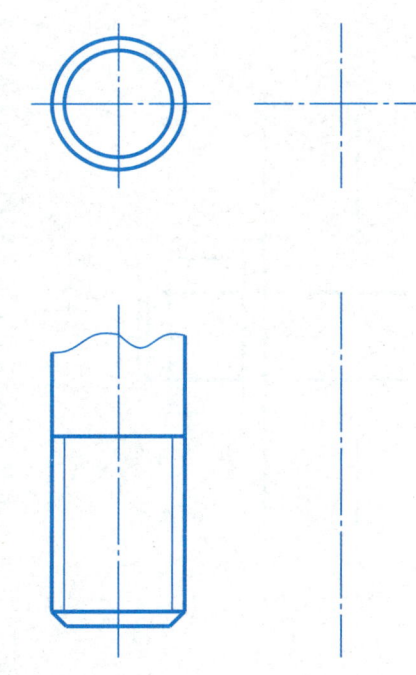

3. 画出螺纹连接图中 A—A、B—B 断面图。

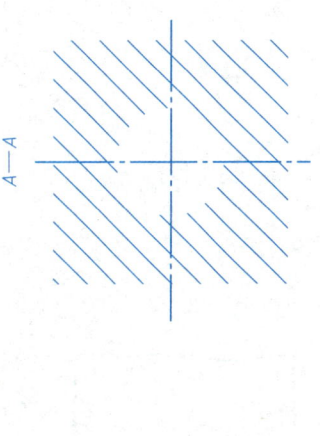

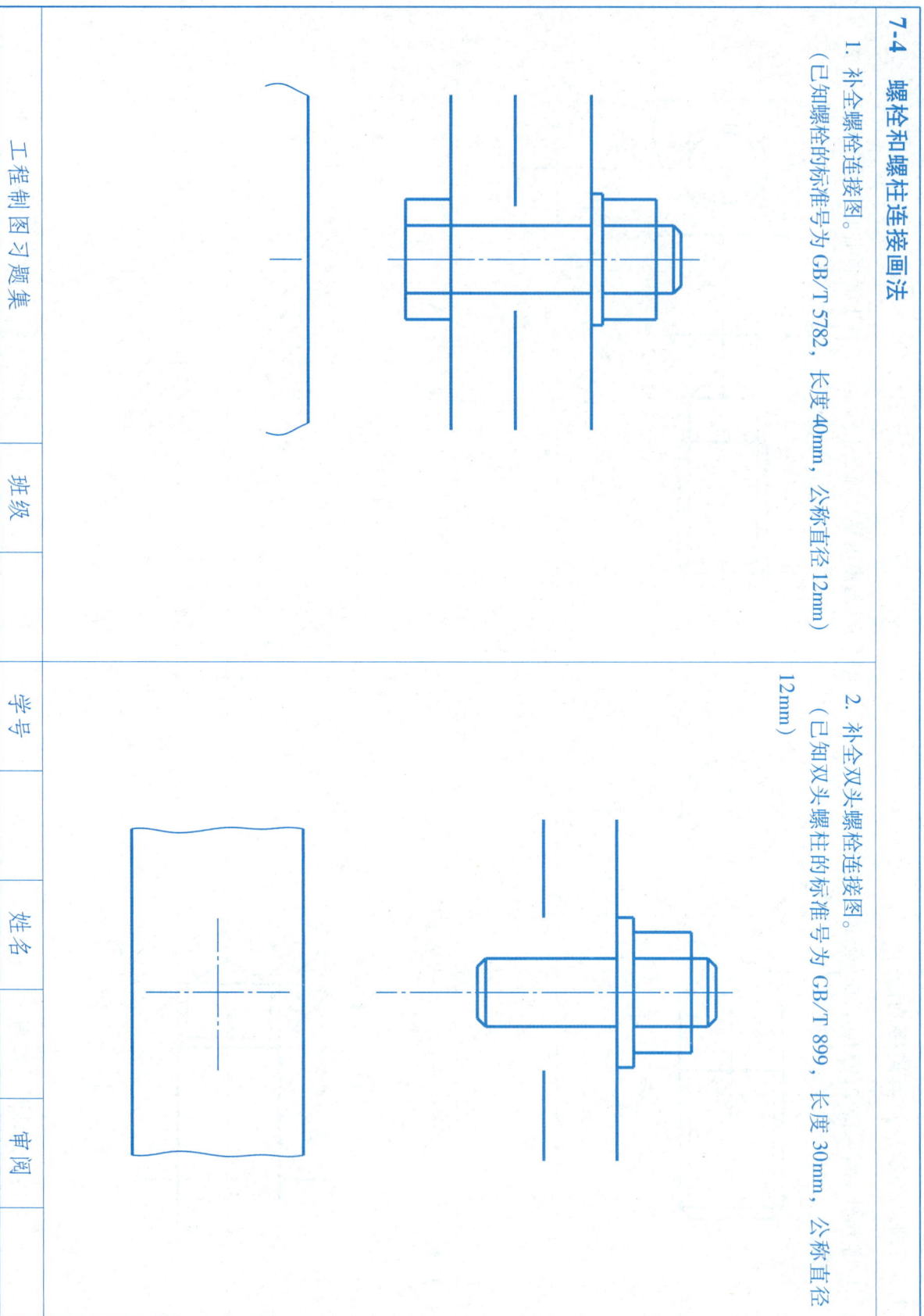

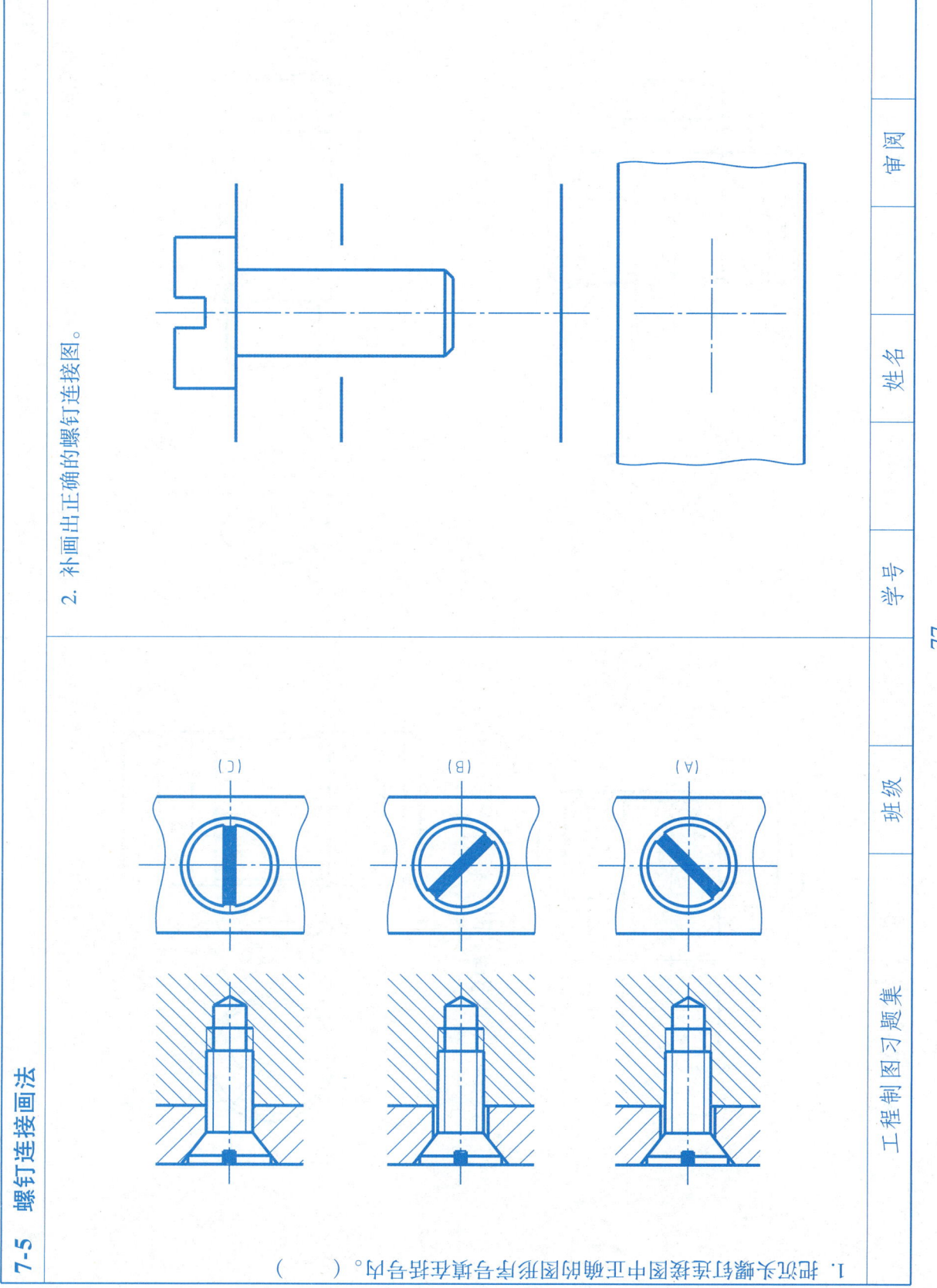

7-6 键与销

1. 按轴径 φ20，从平键 GB/T 1096 中查出轴、孔键槽的尺寸，并标注在图中。

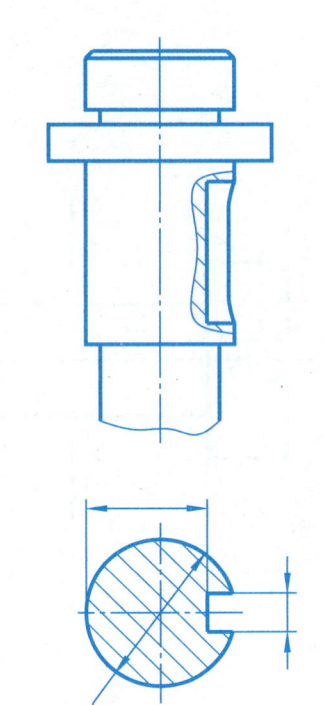

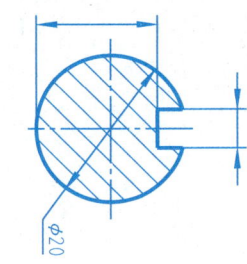

2. 补全平键连接的装配图。

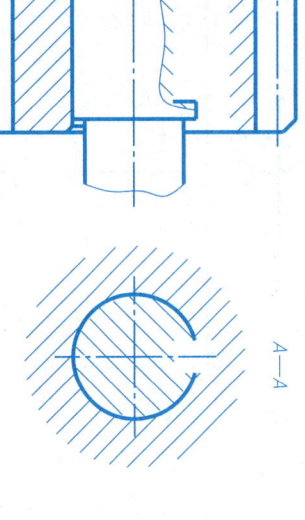

3. 补全圆柱销连接的装配图（圆柱销直径 8mm）。

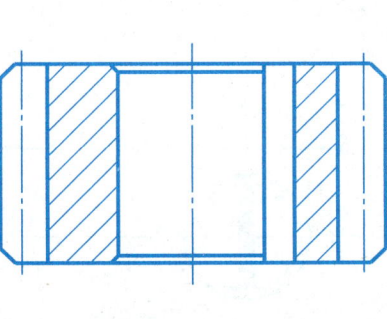

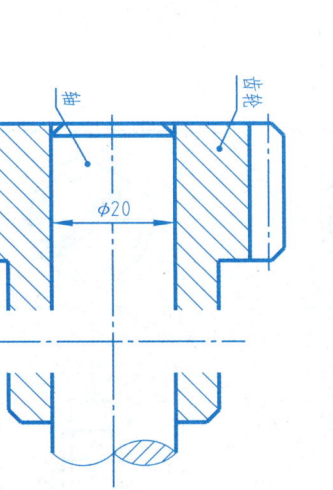

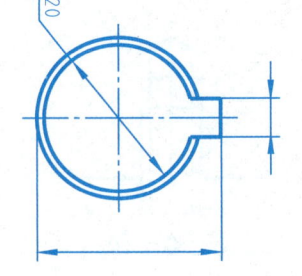

| 工程制图习题集 | 班级 | 学号 | 姓名 | 审阅 |

7-7 弹簧与轴承

1. 已知圆柱螺旋压缩弹簧的部分主视图（节距 $t=14\text{mm}$），补全弹簧的全剖主视图。

2. 用规定画法画出滚动轴承 6205（右端面紧靠轴肩 A）。

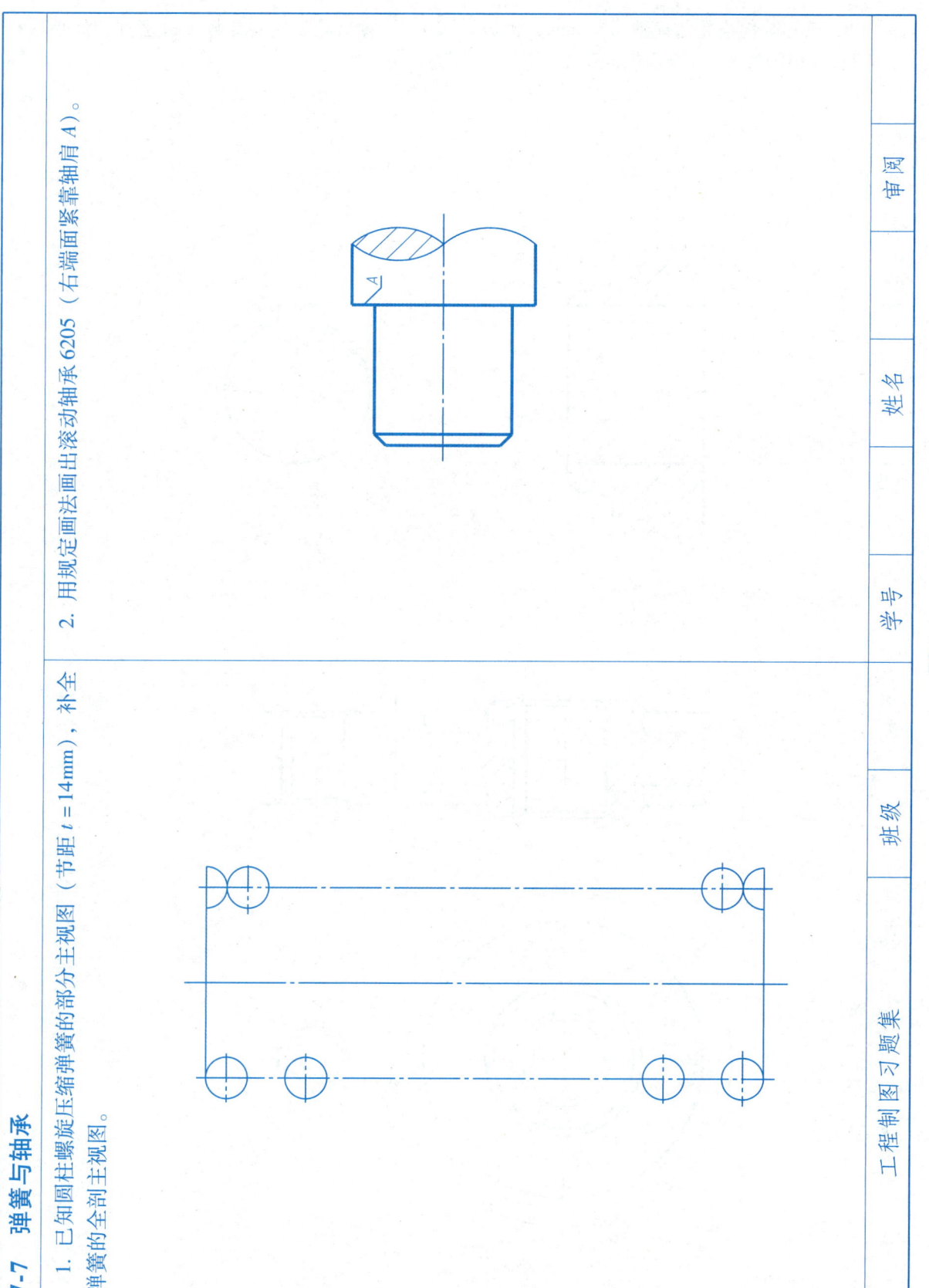

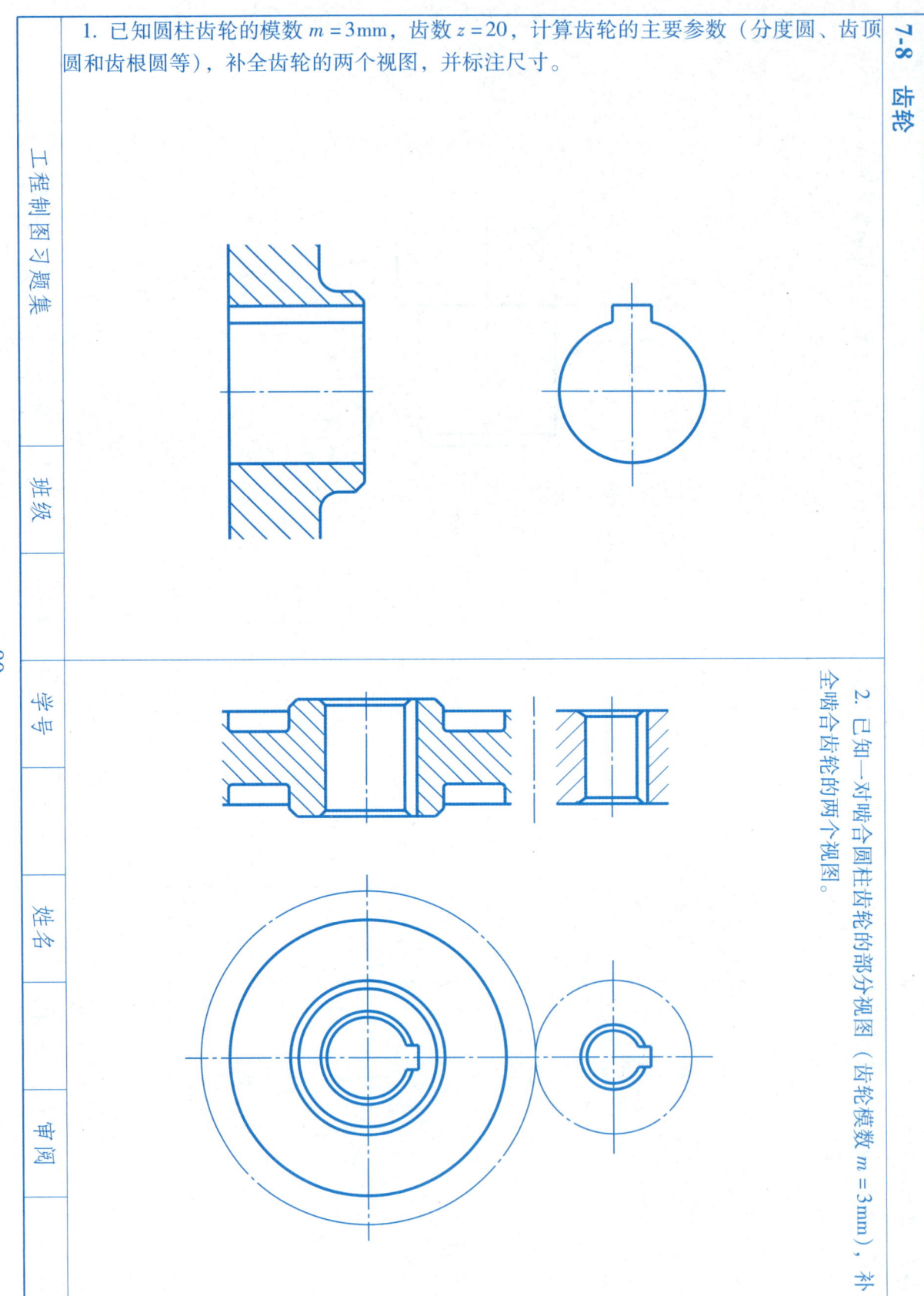

第八章 零件图

8-1 标注零件的表面粗糙度代号（采用 GB/T 131—2006 标准）

1. 标注座表面的表面粗糙度要求如下：

   (1) 长为 108mm 的轴承座底面，经切削加工，表面粗糙度 Ra 的上限值为 6.3μm。

   (2) 直径为 φ20 的轴承孔，经切削加工，表面粗糙度 Ra 的上限值为 1.6μm。

   (3) 2×φ10 的安装孔，经切削加工，表面粗糙度 Ra 的上限值为 12.5μm。

   (4) 其余是不加工表面，表面粗糙度 Ra 的上限值为 12.5μm。正确标注加工表面的符号、数值及位置。

   {提示：√Ra6.3 √Ra1.6 √Ra12.5 √(√)}

2. 轴表面的表面粗糙度要求如下：

   (1) 长为 20mm，直径为 φ25 的轴表面，经切削加工，表面粗糙度 Ra 的上限值为 1.6μm。

   (2) φ20 的轴上有宽为 6 的键槽，经切削加工，表面粗糙度 Ra 的上限值为 6.3μm。

   (3) R5 圆弧表面、C2 倒角处，经切削加工，表面粗糙度 Ra 的上限值均为 12.5μm。

   (4) 其余是加工表面，表面粗糙度 Ra 的上限值为 25μm。正确标注其余加工表面的符号、数值及位置。

   {提示：√Ra1.6 √Ra6.3 √Ra12.5 √Ra25 √(√)}

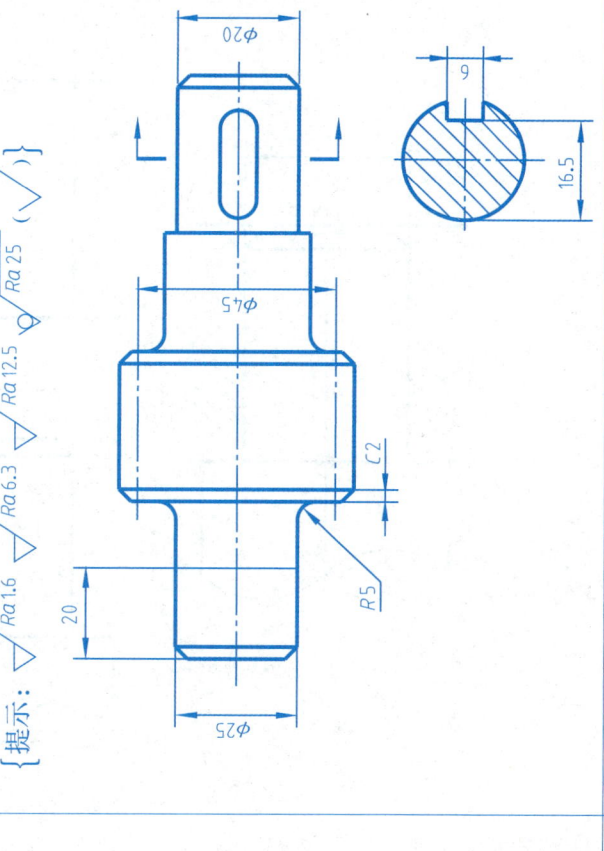

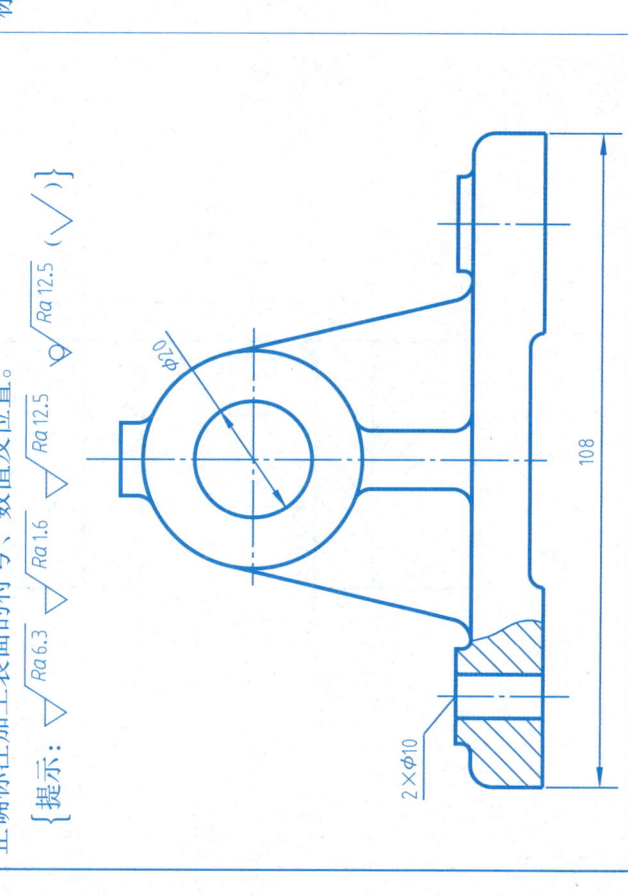

8-2 根据已知条件，标注孔、轴及其配合尺寸

已知孔和轴采用基孔制间隙配合，基本尺寸为φ20，孔的公差等级为IT8，轴的基本偏差代号为f，公差等级为IT7。按下列要求标注：

(1) 查表标注孔的基本尺寸、公差带代号和极限偏差数值。
(2) 查表标注轴的基本尺寸、公差带代号和极限偏差数值。
(3) 在装配图上标注基本尺寸和配合代号。

8-3 说明装配图上配合代号的含义

φ20H7/m6：φ20 是_____，H7 的含义是_____，m6 含义是_____，采用基_____制，_____配合。

φ35F7/h6：φ35 是_____，F7 的含义是_____，h6 含义是_____，采用基_____制，_____配合。

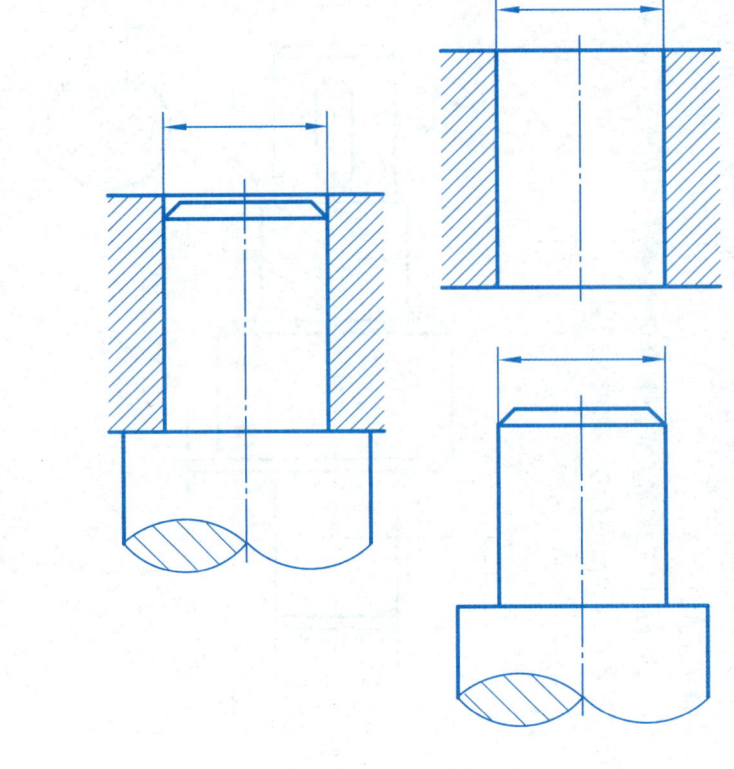

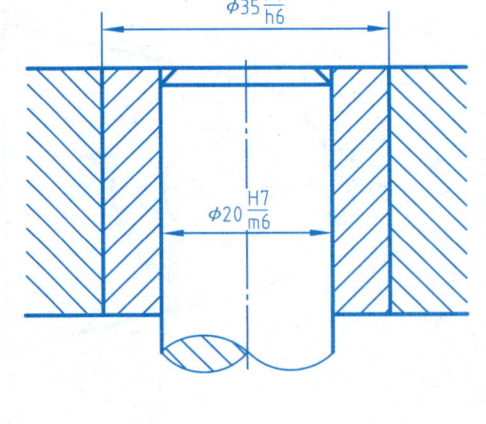

8-4 选择适当的表达方案和比例，用 A3 图纸绘制零件图

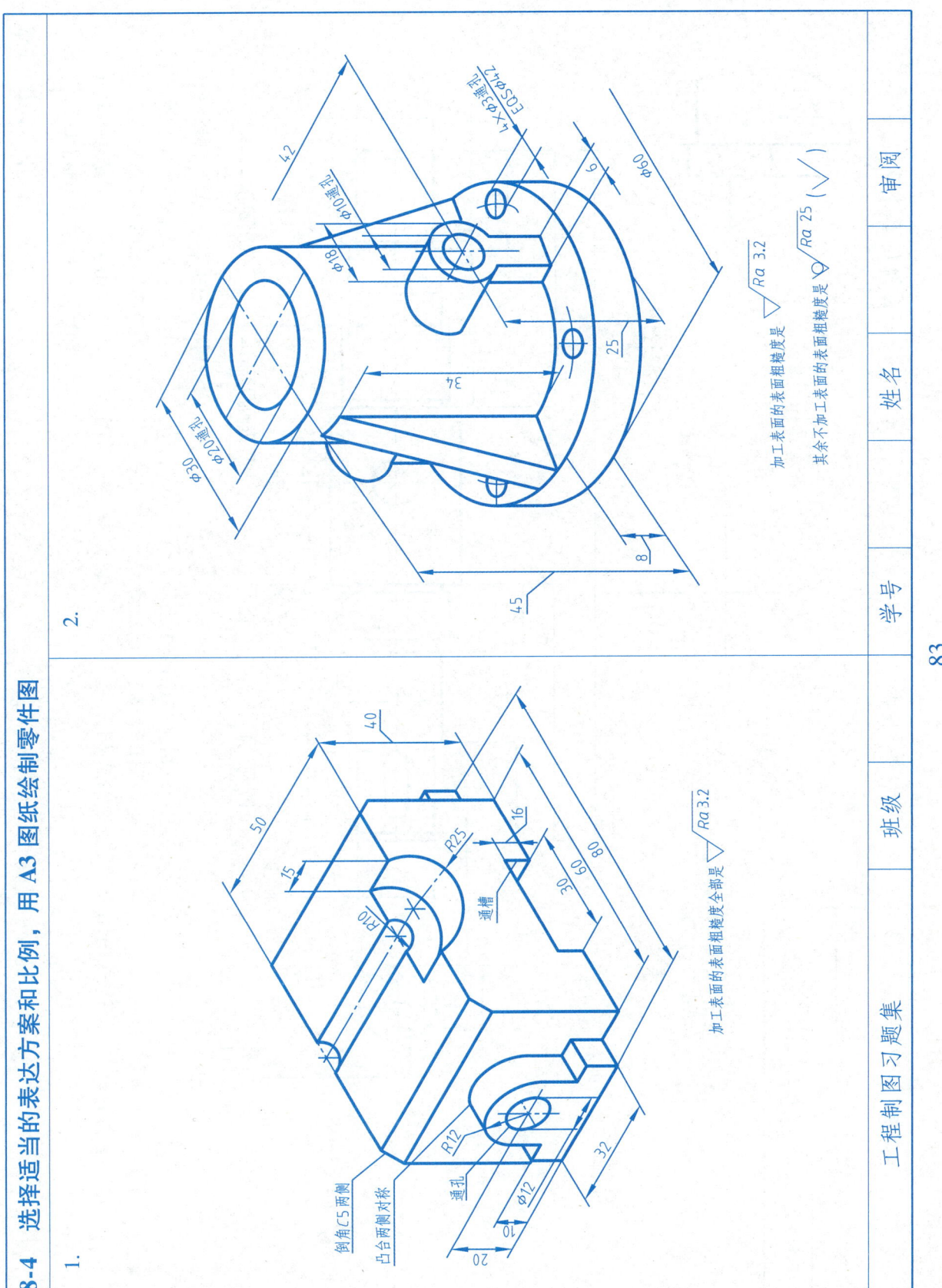

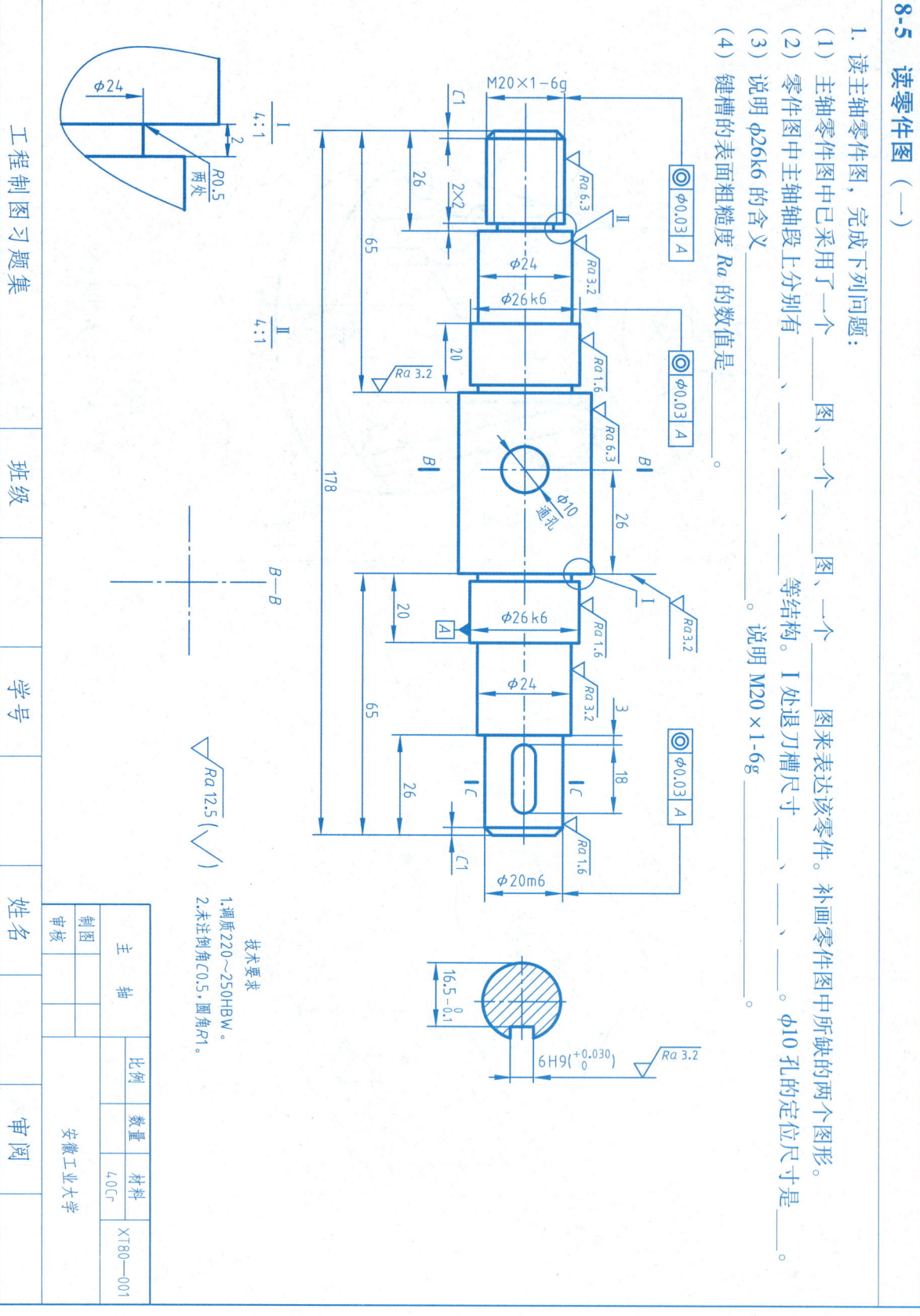

8-5 读零件图（二）

2. 读套筒零件图，完成下列问题：
   (1) 看懂套筒零件的结构形状，补画出 $E-E$ 断面图。
   (2) 该零件主视图采用 ___ 剖视图 ___ 移出断面 图（在正确处画√），剖视图；图中 $A-A$ 是 ___ 剖视 ___ 移出断面 图（在正确处画√），主视图右边的 B 向是 ___ 图；图形 $D-D$ 是 ___ 图。
   (3) 表示 $A-A$ 剖切位置的箭头（能 不能）省略（在正确处画√），因为 ___ 。
   (4) $\phi 95h6$ 中，$\phi 95$ 是 ___ ；$h6$ 是 ___ 。图中共有 ___ 个螺纹孔。

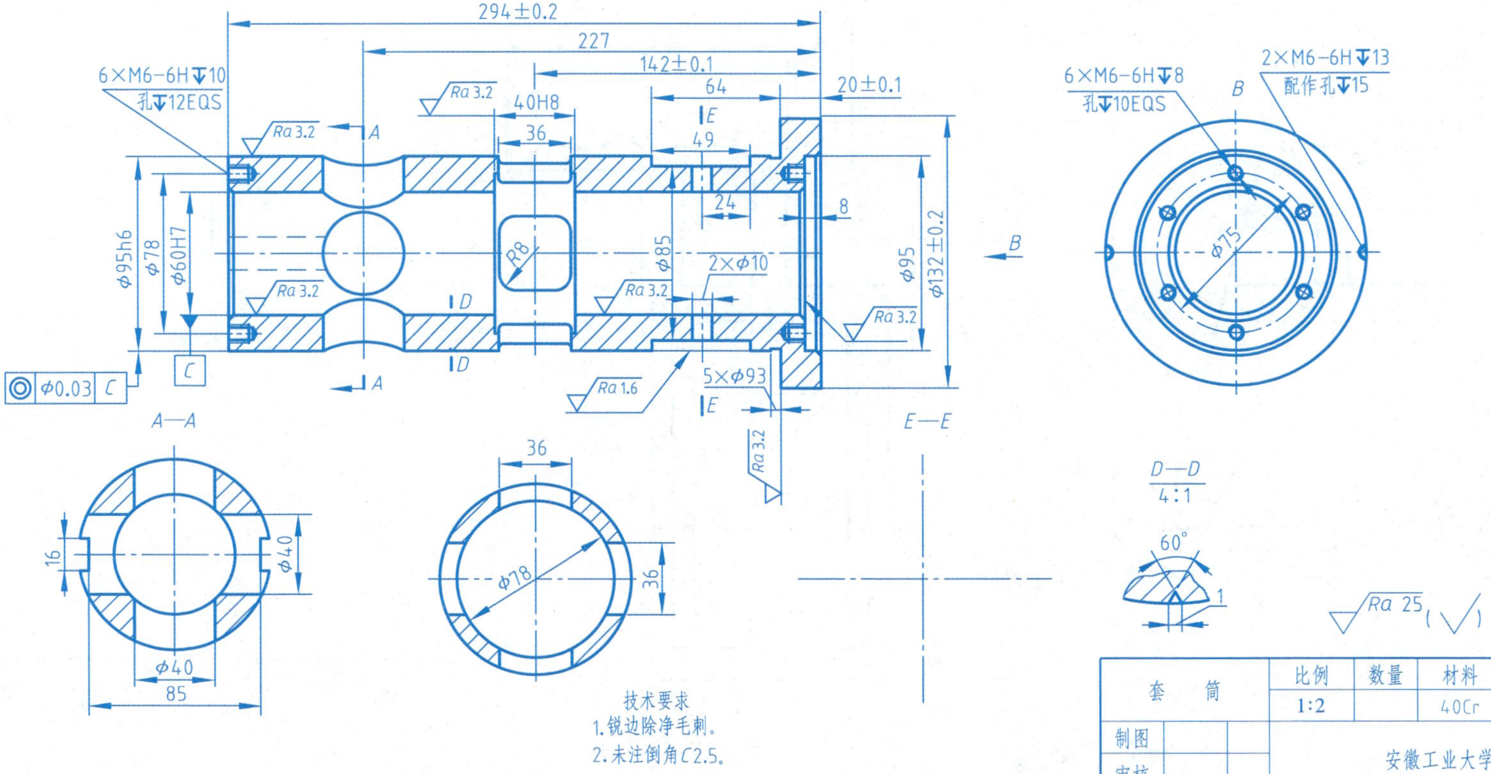

技术要求
1. 锐边去毛刺。
2. 未注倒角C2.5.

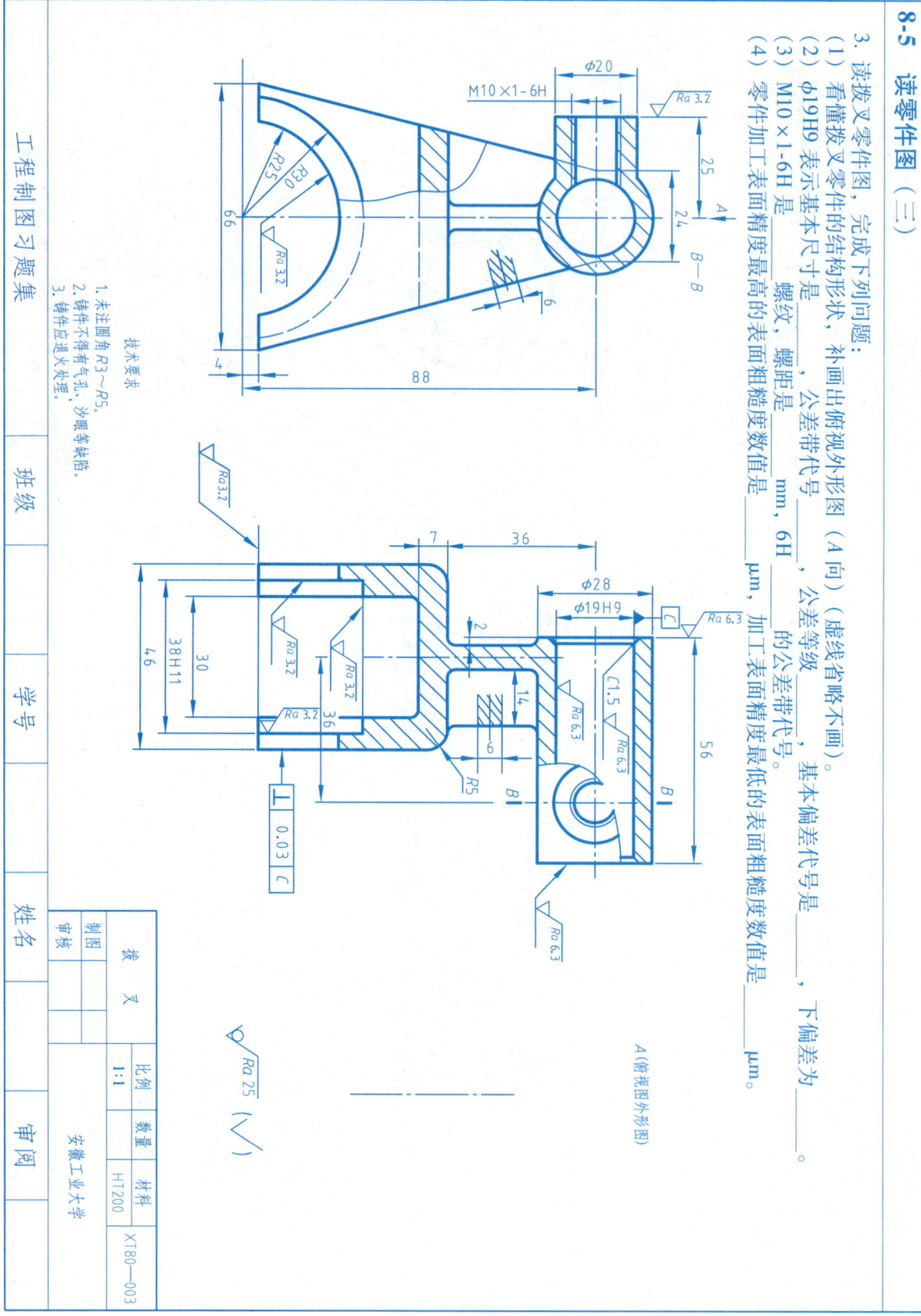

8-5 读零件图（四）

4. 读托架零件图，完成下列问题：

(1) 叉架类零件结构通常由_____部分、_____部分和_____部分组成。

(2) 零件上表面精度要求最高的表面粗糙度是_____，表面精度要求最低的表面粗糙度是_____，Ⅰ处是_____线。

(3) 尺寸 $\phi 16^{+0.027}_{0}$ 的最大极限尺寸是_____，最小极限尺寸是_____。

(4) 零件中螺纹结构有_____处。其定形、定位尺寸分别是_____、_____。

(5) 补画（A向）俯视图的外形图（虚线省略不画）。

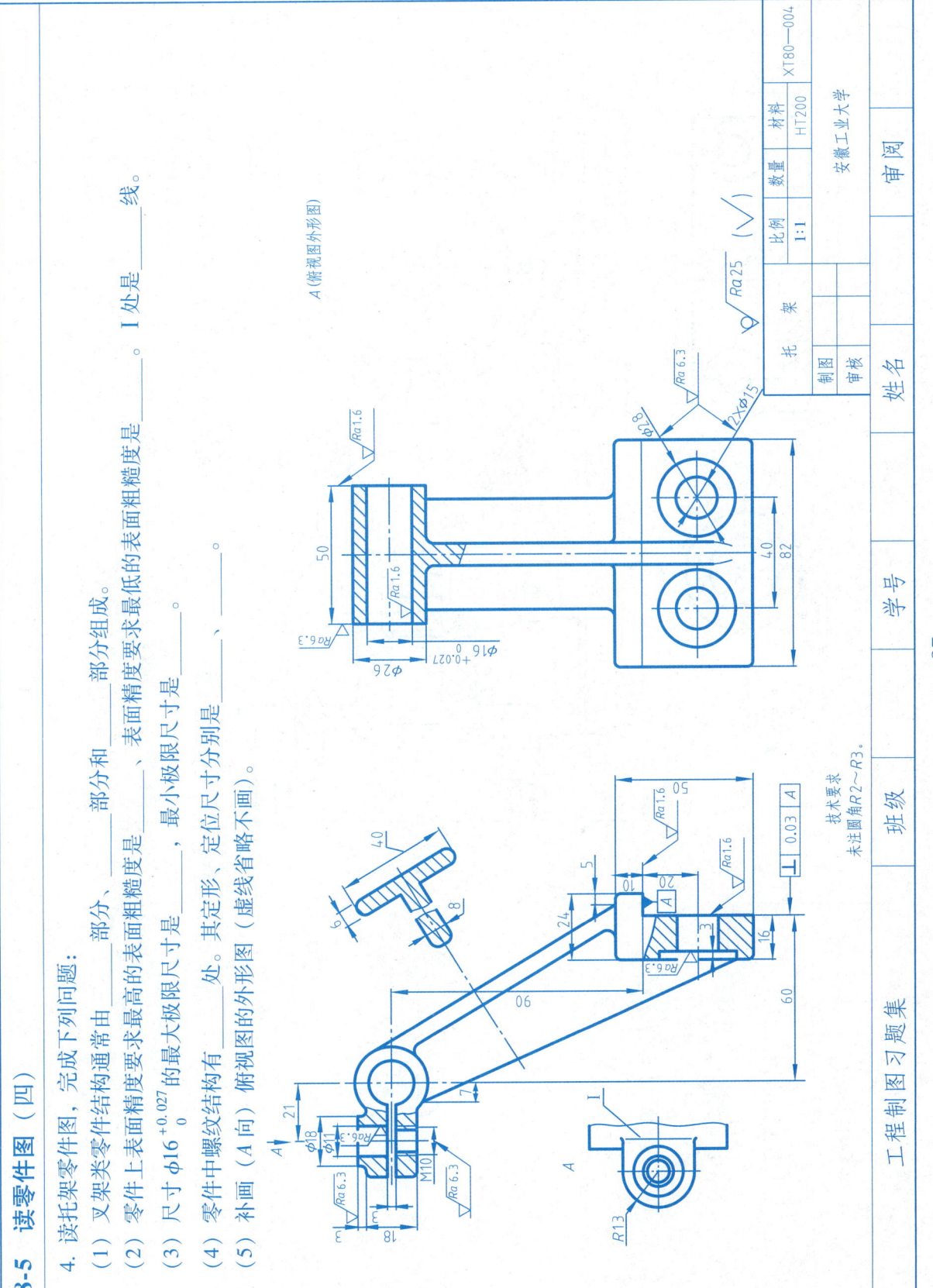

8-5 读底座零件图（五）

5. 读底座零件图，完成下列问题：
(1) 补画左视图外形图（虚线省略不画）。
(2) 主视图采用_____剖视图，左视图采用_____剖视图，俯视图采用_____剖视图，B向是_____视图。
(3) D处的螺纹数量是_____，公称直径是_____mm，定位尺寸是_____mm，该零件总高尺寸为_____mm。
(4) 尺寸φ16H7、φ16是_____尺寸，H是_____，7是_____，表面粗糙度要求最高的Ra数值为_____μm。
(5) 该零件加工表面粗糙度精度要求最低的Ra数值为_____μm。

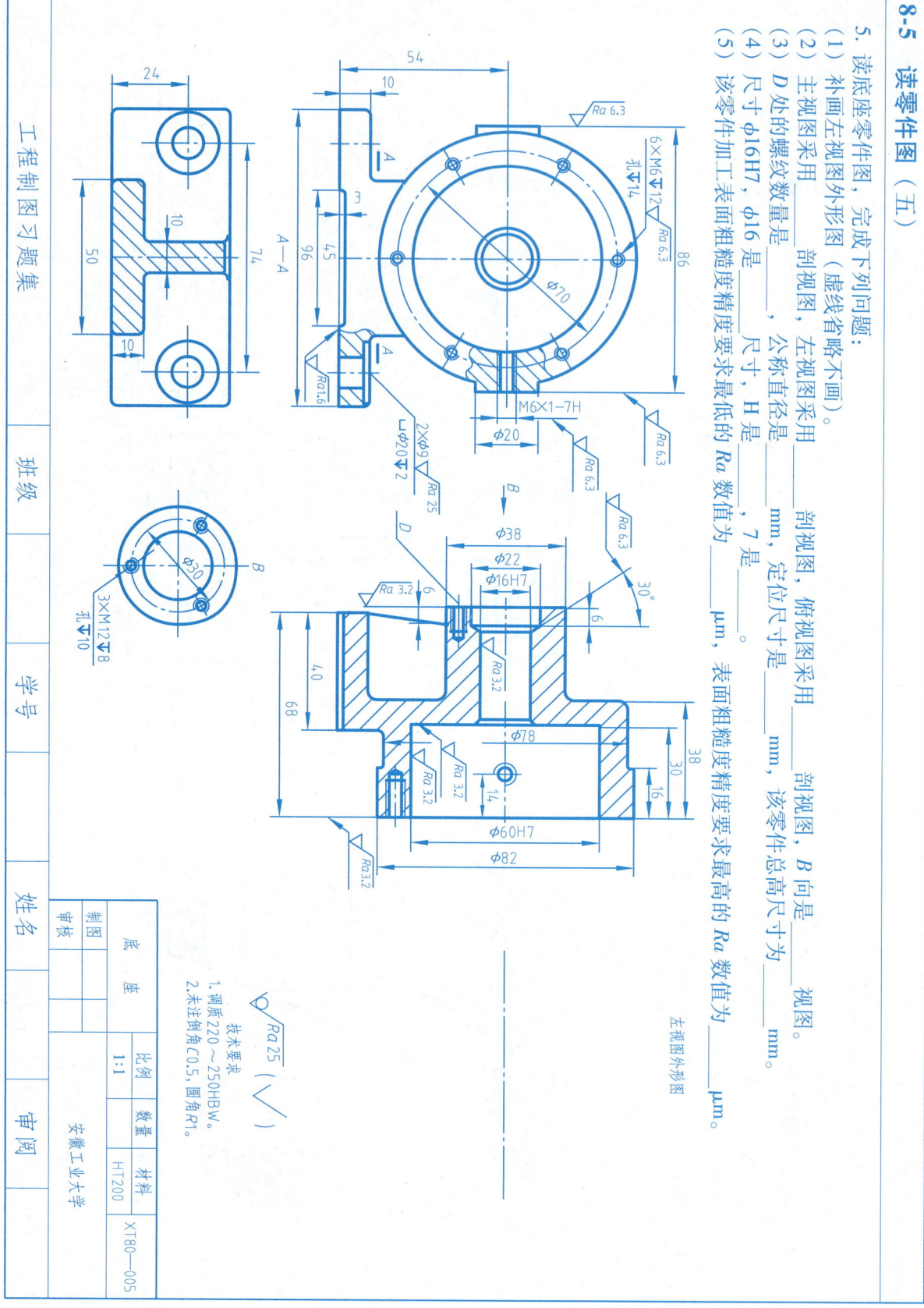

第九章 装配图

9-1 根据千斤顶的装配示意图和零件图拼画装配图（一）

一、工作原理

千斤顶是利用螺旋转动来顶举重物的一种起重或顶压工具，常用于汽车修理及机械安装中。工作时，重物压于顶垫之上，将绞杠穿入螺旋杆上部的孔中。旋动绞杠，因底座又螺套不动，则螺旋杆在作圆周运动的同时，靠螺纹的配合作上、下移动，从而顶起或放下重物。螺套镶在底座里，磨损后便于更换；顶垫在螺旋杆顶部，其球面形成传递重物之配合面，由螺钉锁定，使顶垫不至脱落且能与螺旋杆相对转动。

二、作业目的和要求

(1) 了解装配图的内容和作用。读懂千斤顶的全部零件图。
(2) 了解由零件图拼画装配图的方法和步骤。
(3) 在 A3 图纸上用恰当的表达方案绘制出千斤顶的装配图，比例为 1:1。

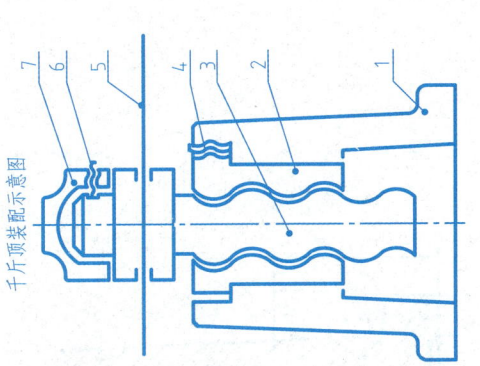

千斤顶装配示意图

千斤顶零件明细表

序号	代号	名称	材料	数量	备注
7	XT90—005	顶垫	Q235-A	1	
6	GB/T 75—2000	螺钉 M8×12	Q235-A	1	
5	XT90—004	绞杠	Q235-A	1	
4	GB/T 73—2000	螺钉 M10×12	Q235-A	1	
3	XT90—003	螺旋杆	Q275-A	1	
2	XT90—002	螺套	ZCuAl10Fe3	1	
1	XT90—001	底座	HT200	1	

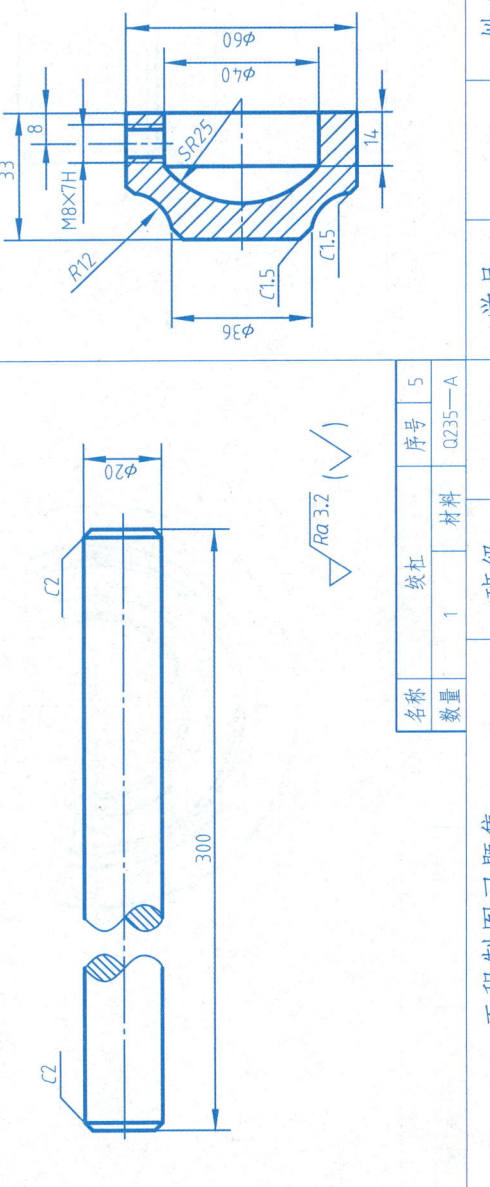

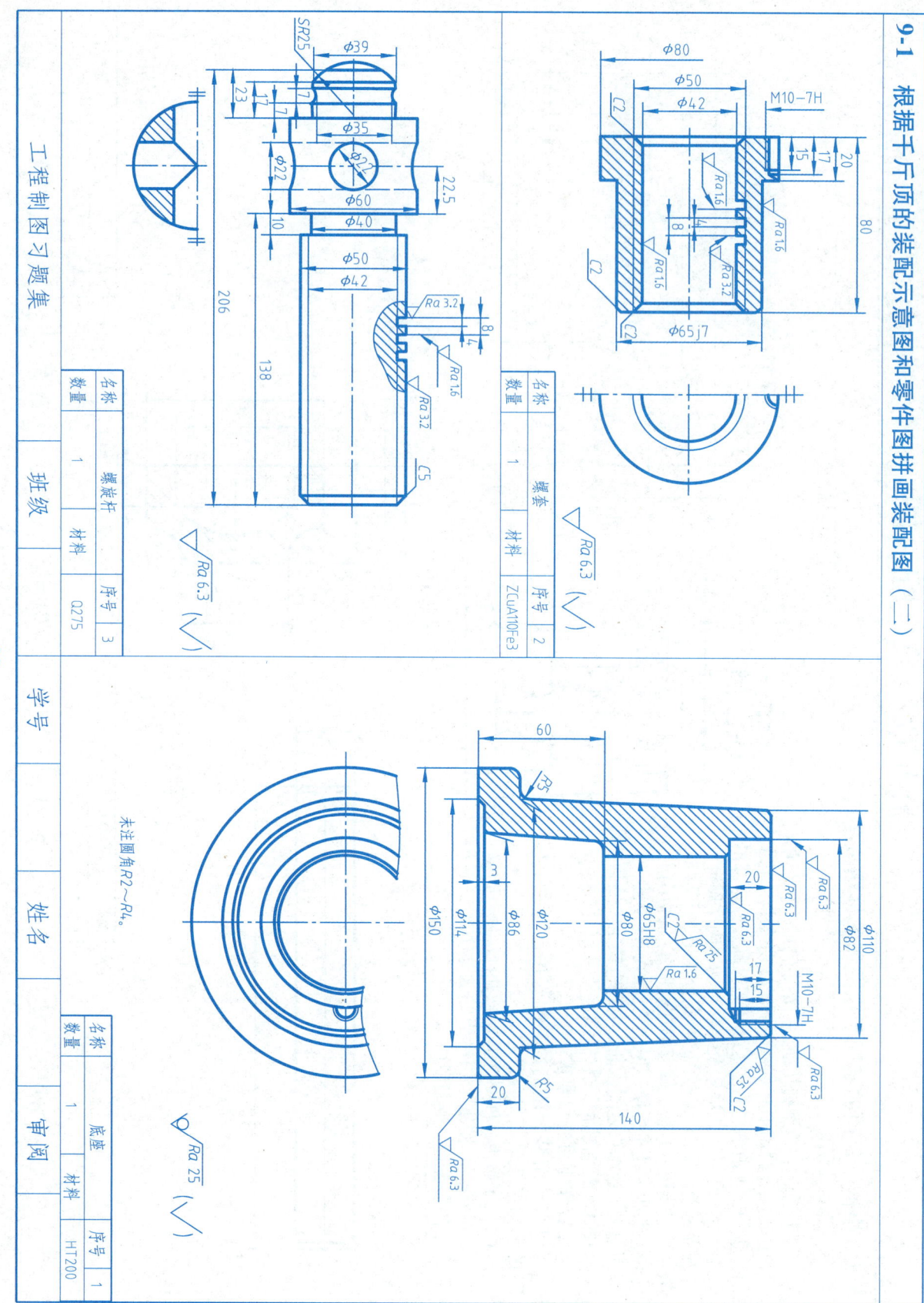

9-2 根据定位器的装配示意图和零件图拼画装配图（一）

一、工作原理

定位器安装在仪器的机箱内壁上。工作时定位轴 1 的一端插入被固定零件的孔中，当该零件需要变换位置时，应拉动把手 6，将定位器从该零件的孔中拉出，松开把手后，弹簧 4 使定位轴恢复原位。

二、作业目的和要求

(1) 了解装配图的内容和作用，读懂定位器的全部零件图。
(2) 了解由零件图拼画装配图的方法和步骤。
(3) 在 A3 图纸上用恰当的表达方案绘制出定位器的装配图，比例为 4:1。

定位器零件明细表

序号	代号	名称	材料	数量	备注
7	GB/T 75—2000	紧定螺钉 M3×4	Q235-A	1	
6	XT90—006	把手	Q235-A	1	
5	XT90—005	盖	橡胶	1	
4	XT91—004	弹簧	65Mn	1	
3	XT91—003	套筒	45	1	
2	XT91—002	支架	HT200	1	
1	XT91—001	定位轴	40Cr	1	

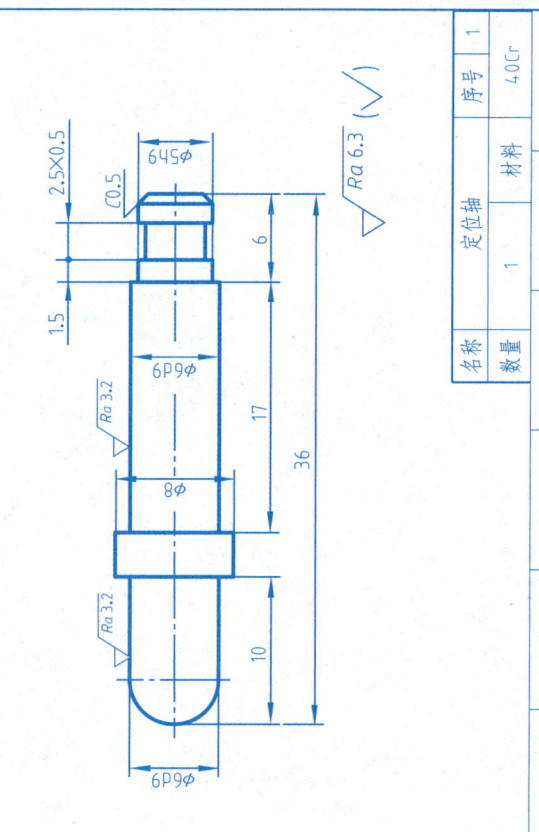

名称	定位轴	序号	1
数量	1	材料	40Cr

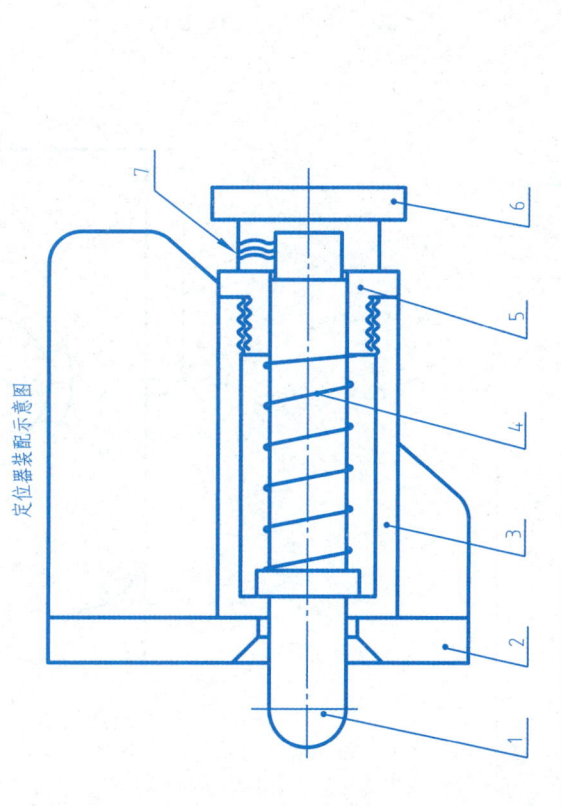

定位器装配示意图

工程制图习题集

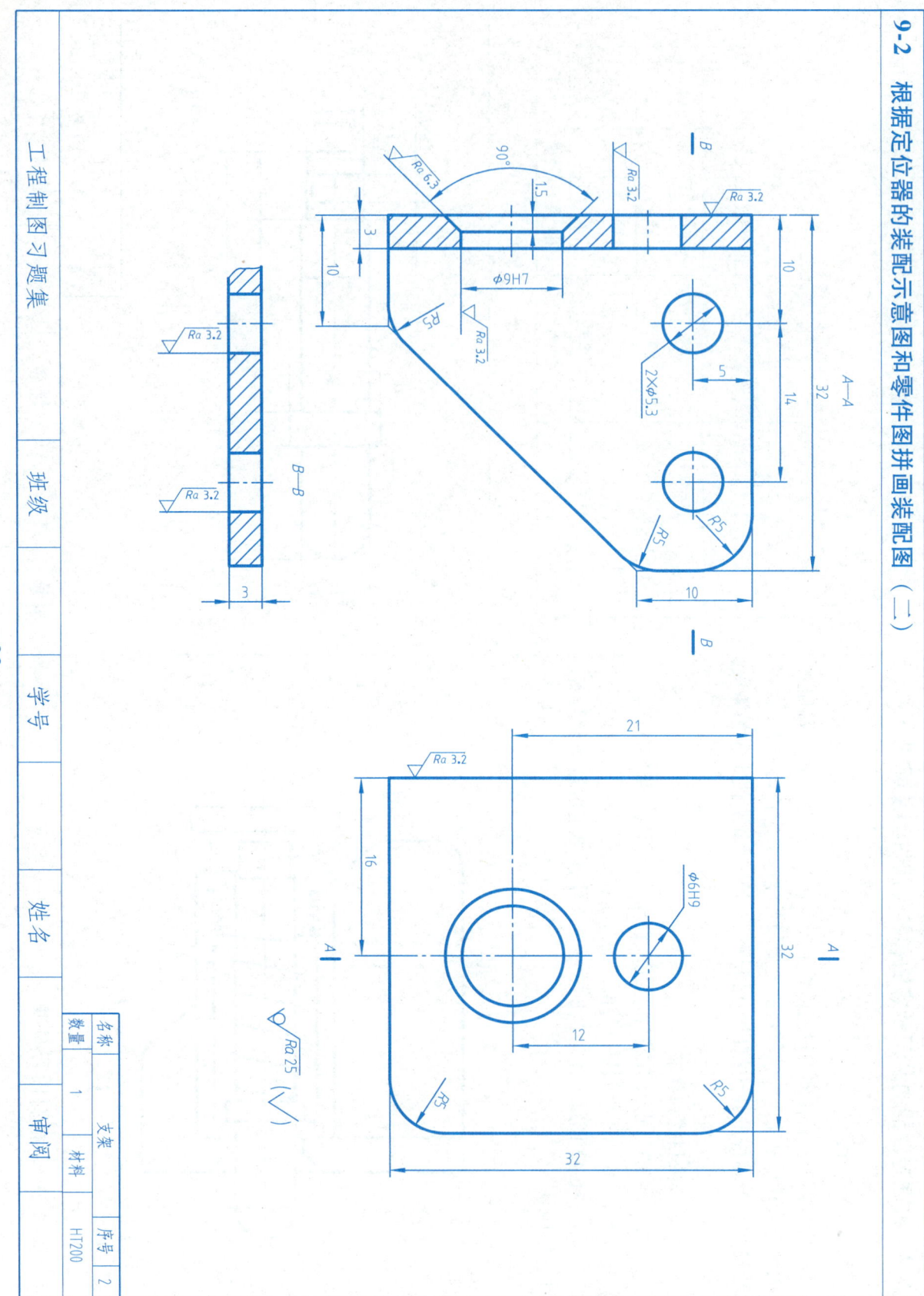

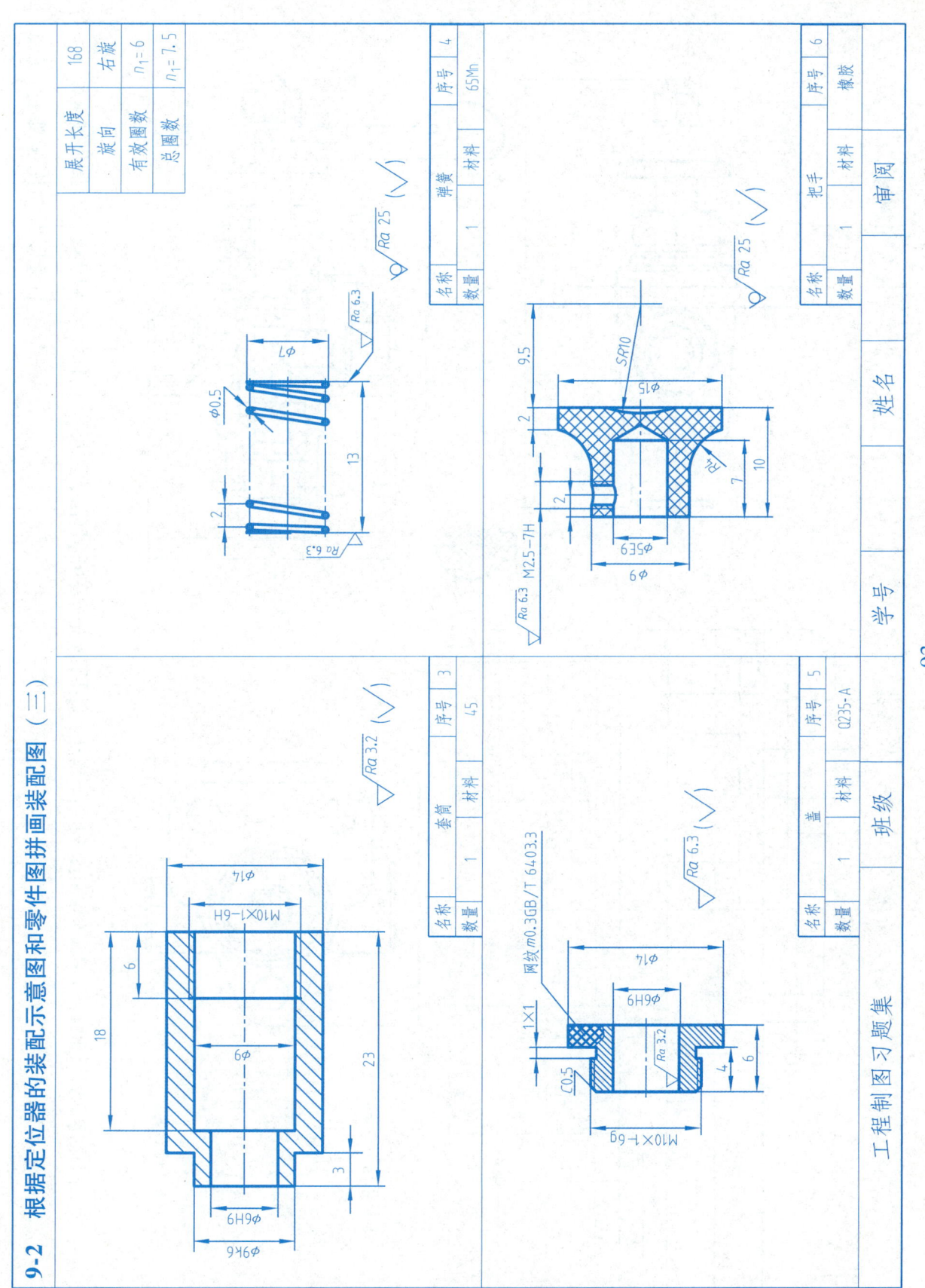

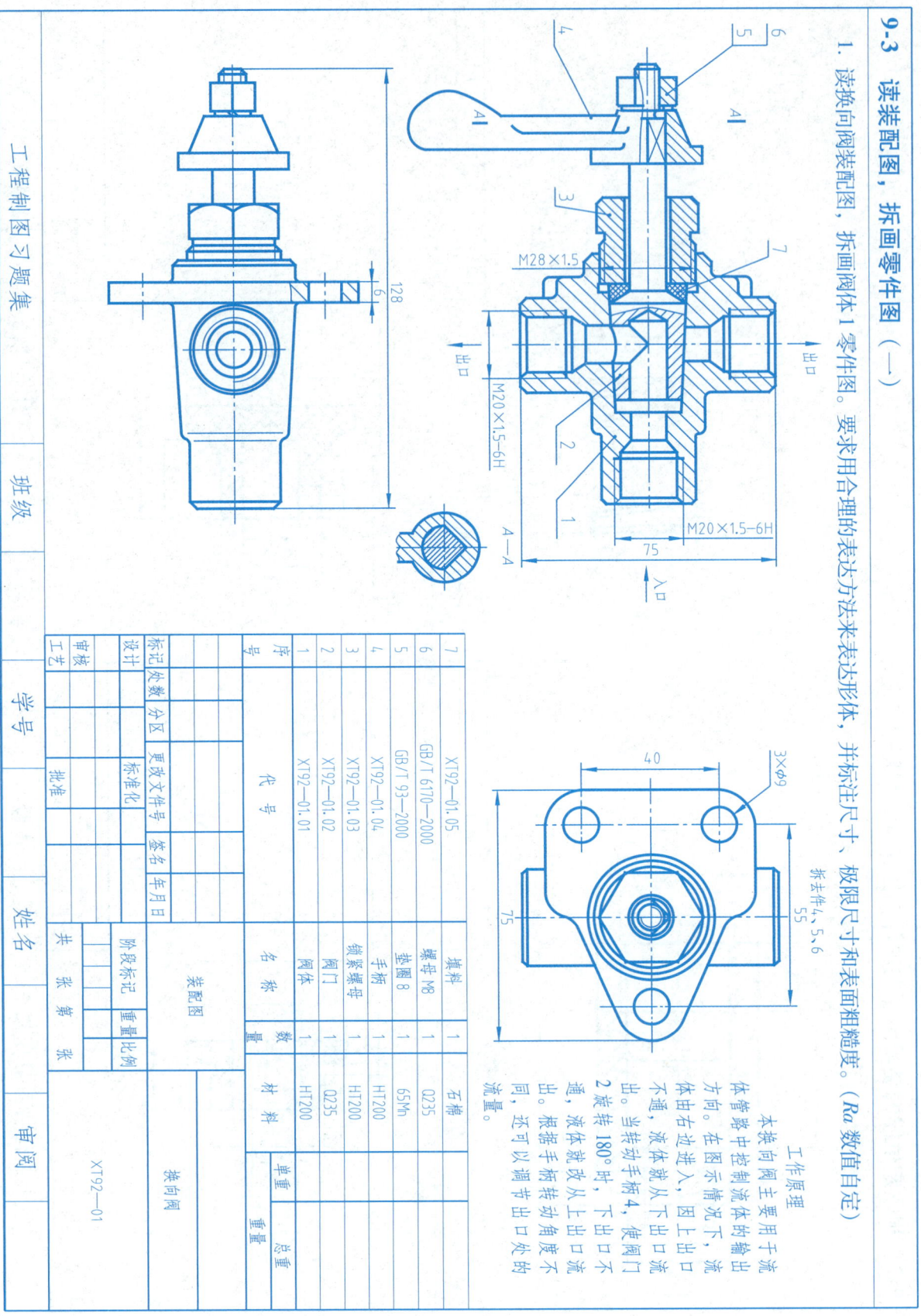

9-3 读装配图，拆画零件图（二）

2. 读懂球心管活节装配图，拆画活节体 1 和盖螺母 3 的零件图，要求选用合适的表达方法表示形体，尺寸与表面粗糙度代号等省略。

工作原理

球心管活节安装在管路中，用来连接二根不在同一轴线上的管子。球管节 6 能绕 $S\phi70$ 轴心线转动，确保两端 $G1\frac{1}{2}B$ 管螺纹与管路中的管子连接。盖螺母 3 可压紧可动垫块 5 固定球管节。螺钉 7 拧紧后可防止盖螺母松动。

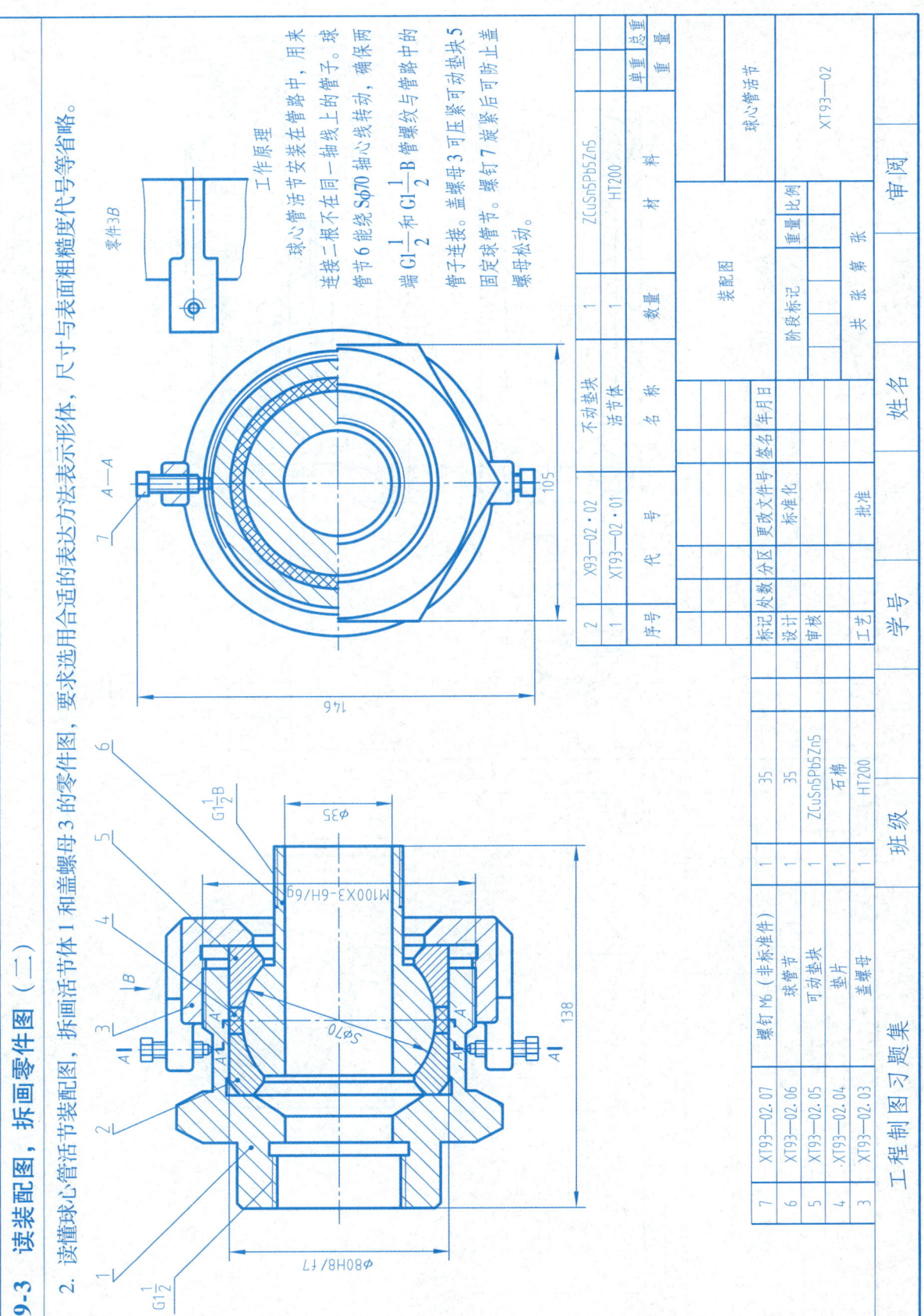

9-3 读装配图，拆画零件图（三）

3. 读懂微动机构装配图，拆画支座 8 的零件图，用合理的表达方法来表示形体，并标注尺寸、极限和表面粗糙度。（*Ra* 数值自定）

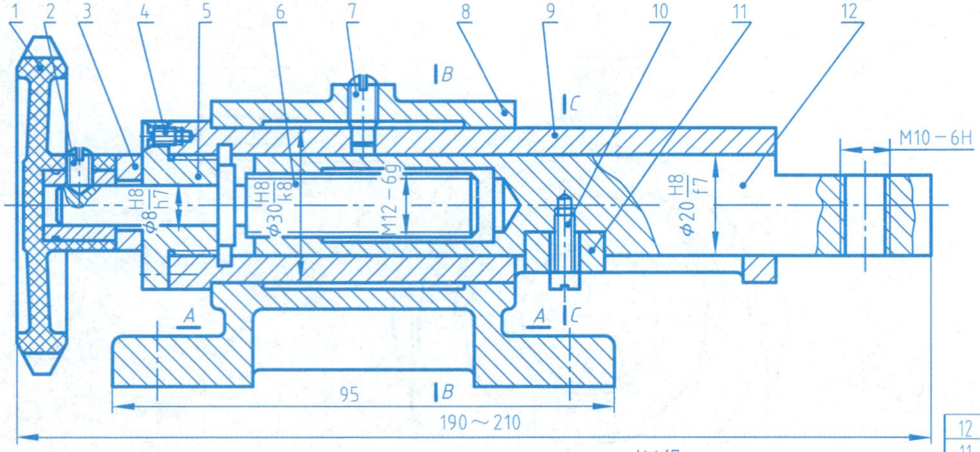

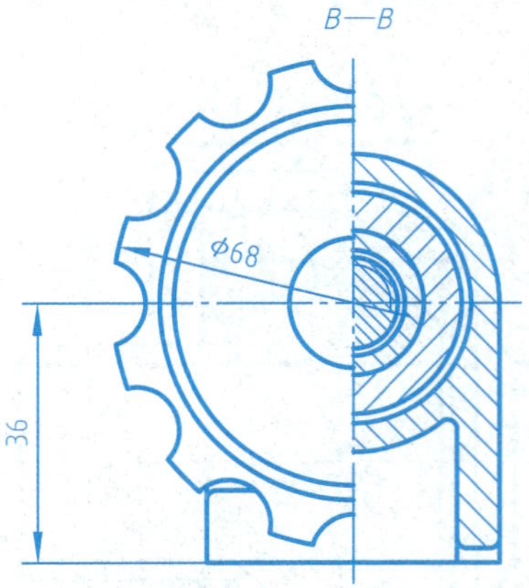

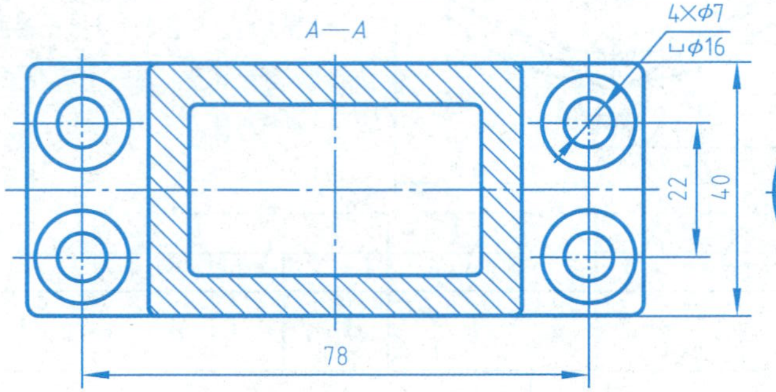

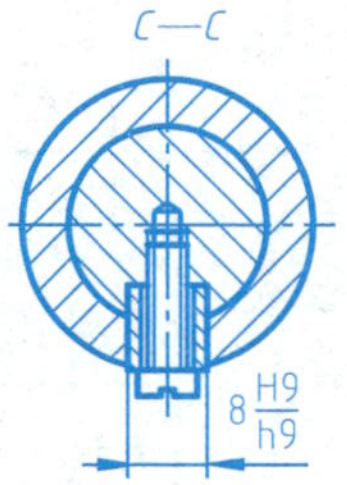

序号	代号	名称	数量	材料	单重	总重	备注
12	XT94—03.08	导杆	1	45			
11	XT94—03.07	键 8×16	1	45			
10	GB/T 65—2000	螺钉 M3×12	1				
9	XT94—03.06	导套	1	45			
8	XT94—03.05	支座	1	HT200			
7	GB/T 829—1988	螺钉 M6×14×4	1				
6	XT94—03.04	螺杆	1	45			
5	XT94—03.03	轴套	1	45			
4	GB/T 819—1985	螺钉 M3×8	4				
3	XT94—03.02	垫圈	1	Q235-A			
2	GB/T 71—1985	螺钉 M5×8	1				
1	XT94—03.01	手轮组合件	1				

标记 处数 分区 更改文件号 签名 年月日

设计 标准化

审核

工艺 批准

装配图

阶段标记 重量 比例

共 张 第 张

微动机构

XT94—03

工作原理

微动机构是一个将手轮上的转动转变为导杆右端微量平动的装置，当手轮转动时带动螺杆作螺旋运动，通过螺旋副将转动变为导杆的平动。

第十章 其他工程图样

10-1 按要求完成房屋建筑图样并回答问题

1. 用1:50的比例抄绘房屋平面图和立面图并补画2—2剖面（用A3图幅绘制）。
2. 四个视图的名称分别是什么？地面、窗台和屋面的标高分别是多少？1—1剖面的绘图比例是多少？

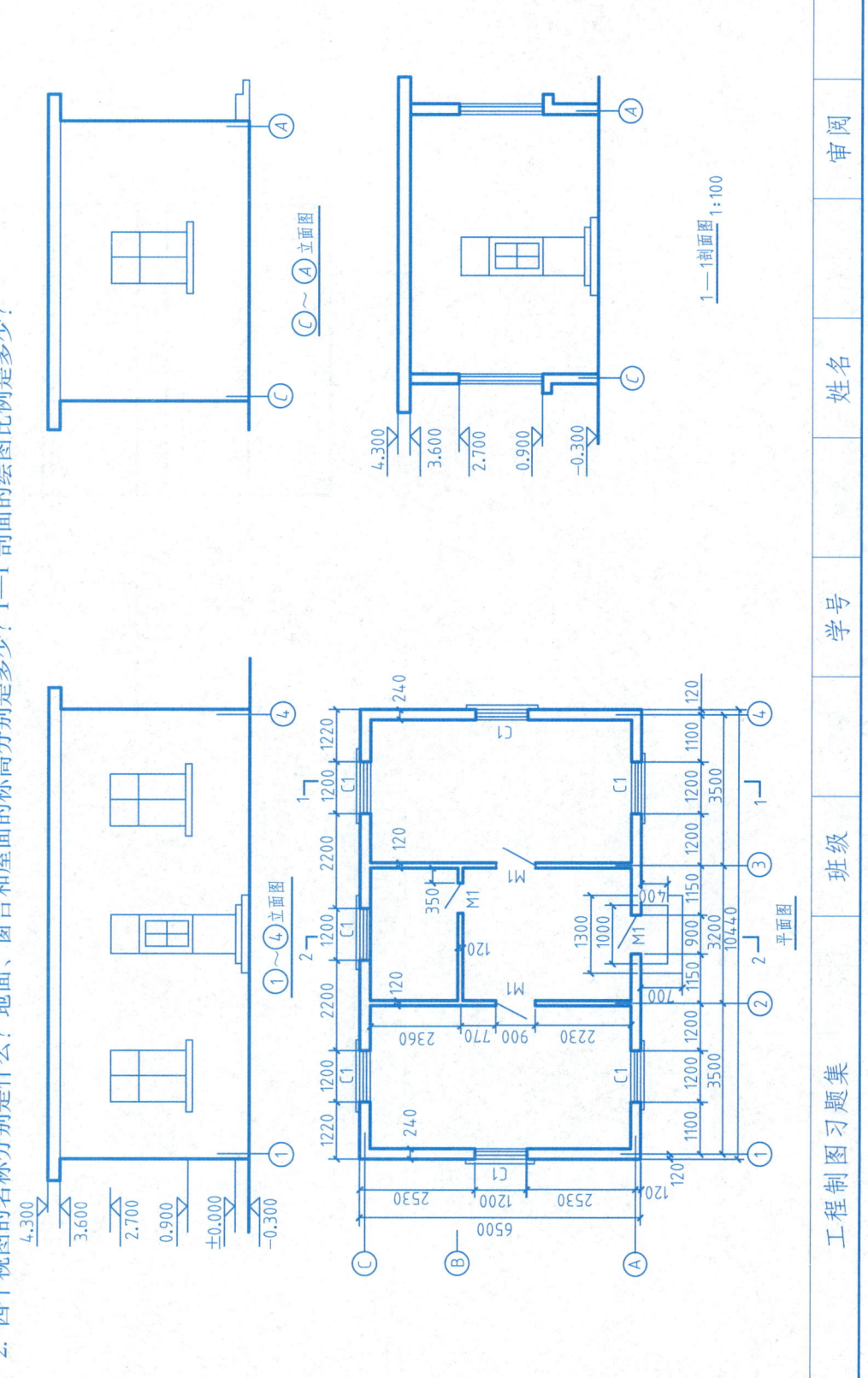

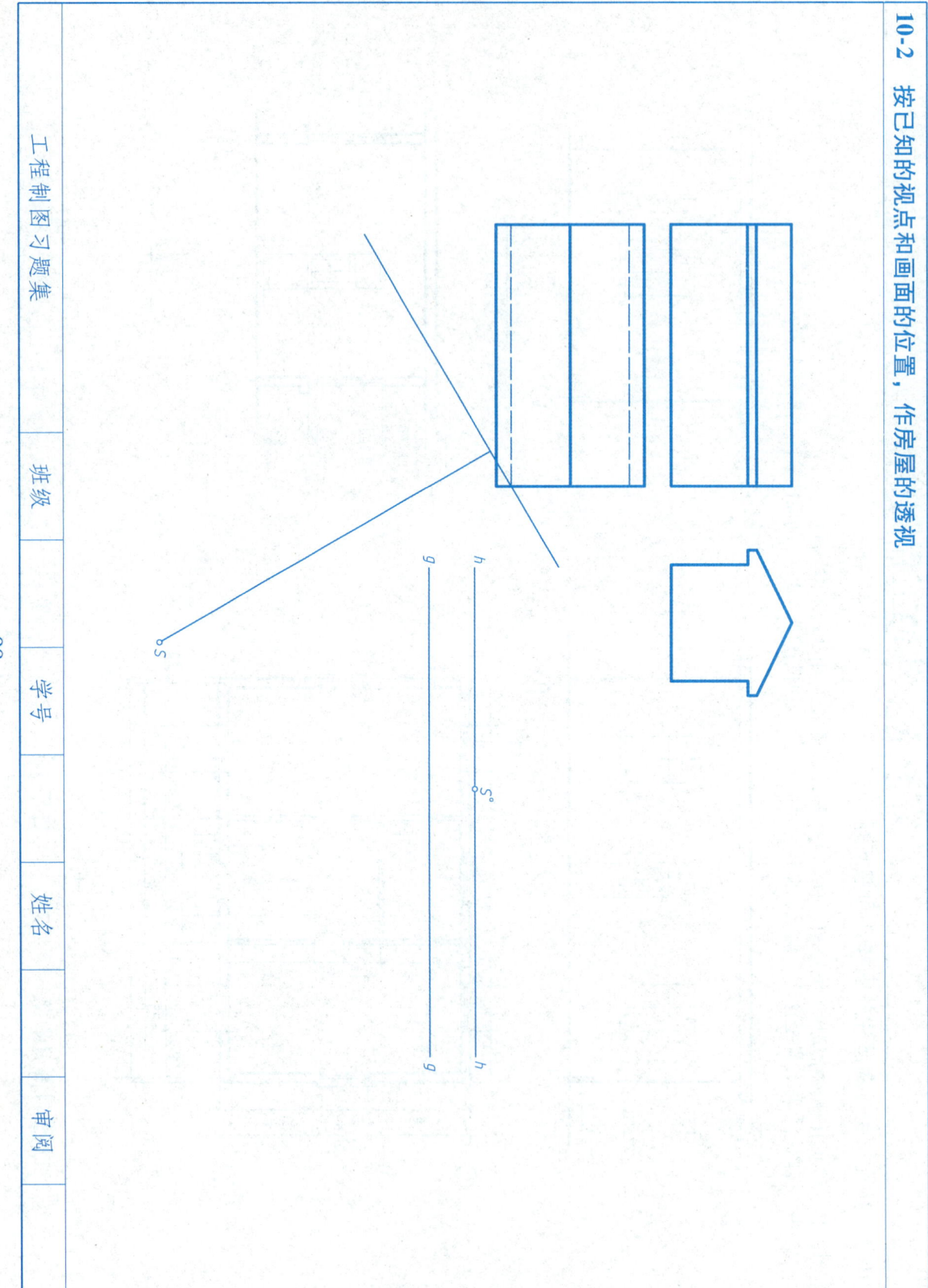

10-3　标注图中焊缝代号

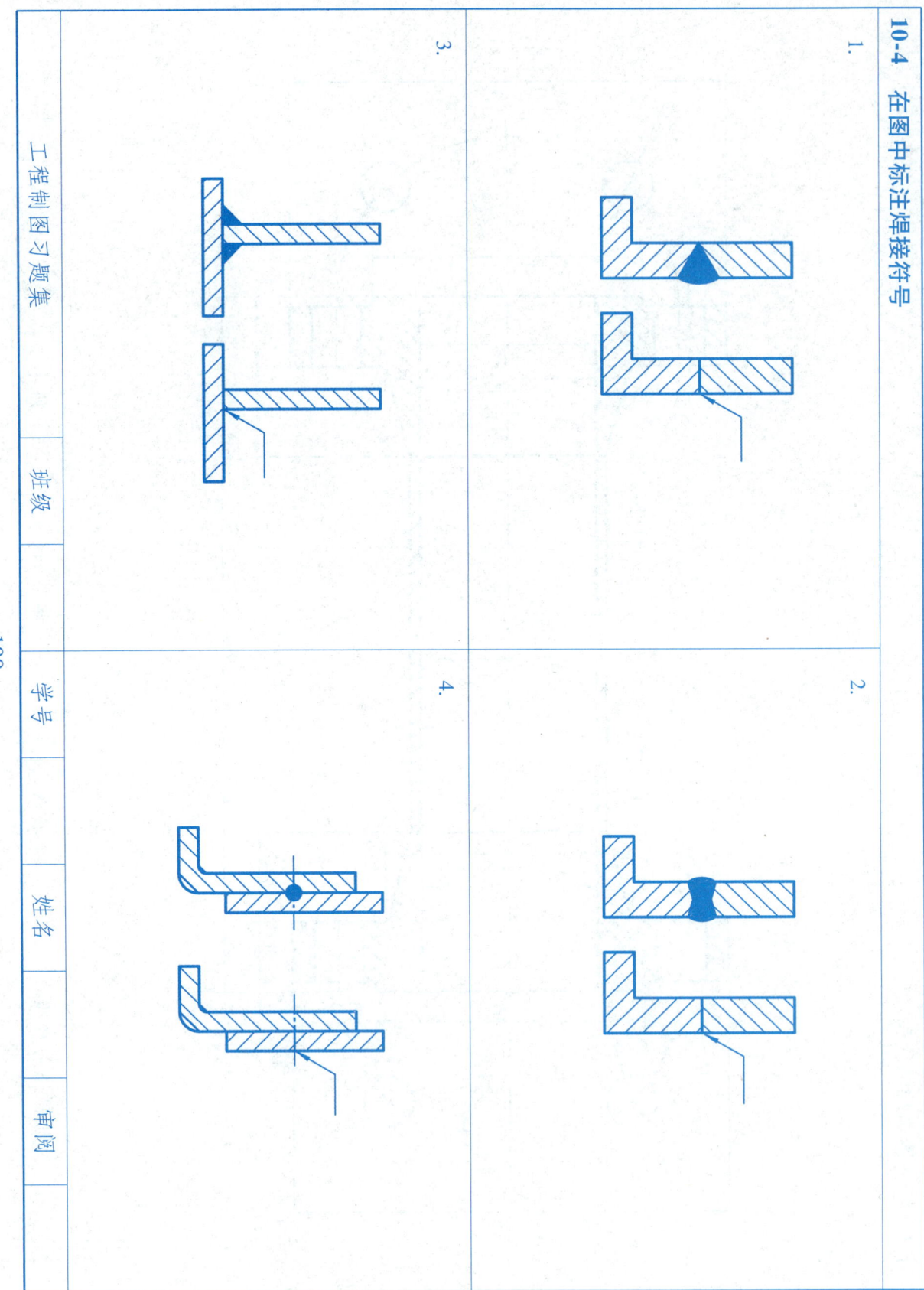

第十一章 计算机绘图基础

11-1 绘制平面图形

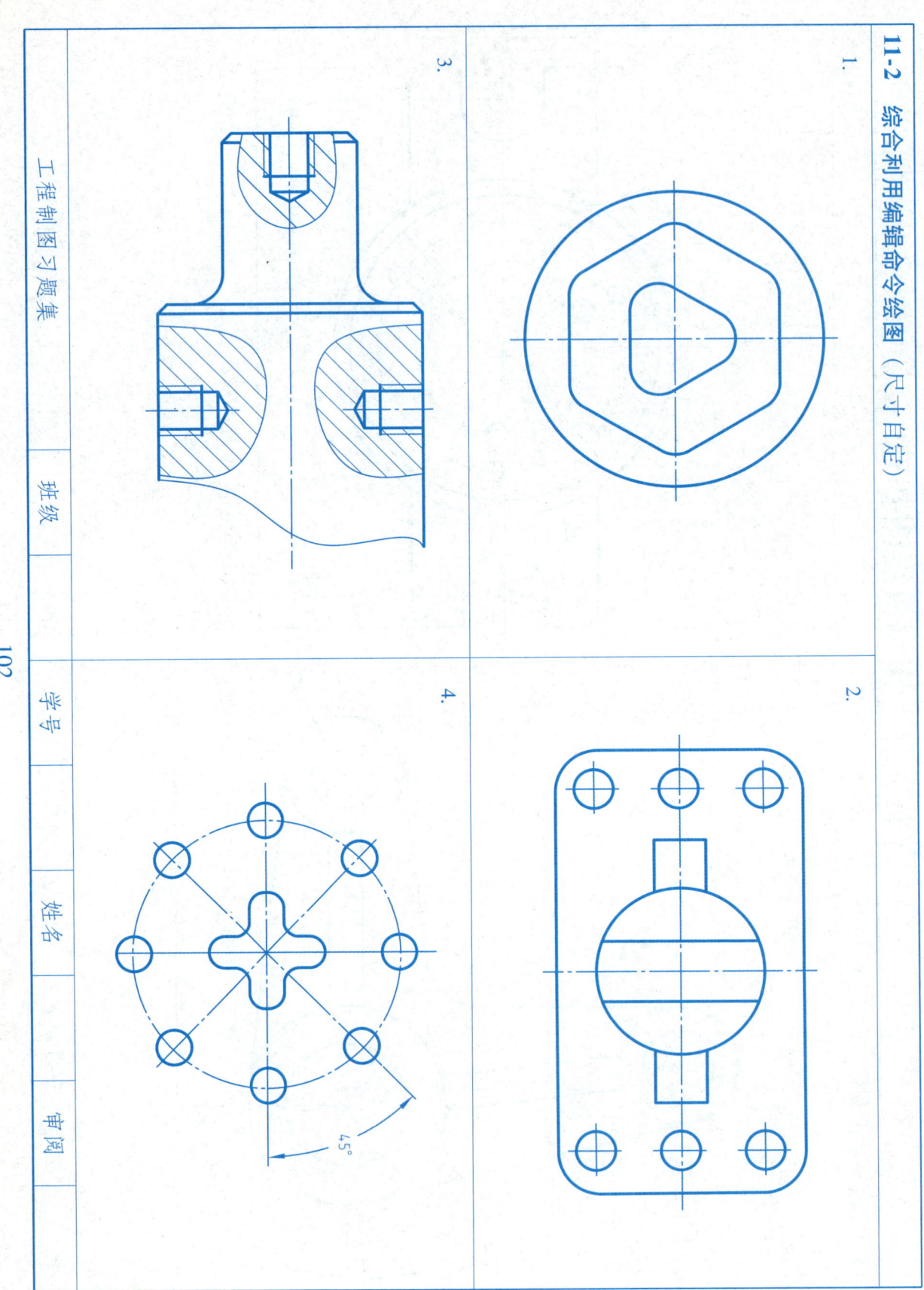

11-3 图块、属性块练习

1. 创建螺栓、螺母和垫圈图块，并插入垫板中组成螺纹连接画法。
2. 创建两个表面粗糙度属性块和标题栏图框的属性块。

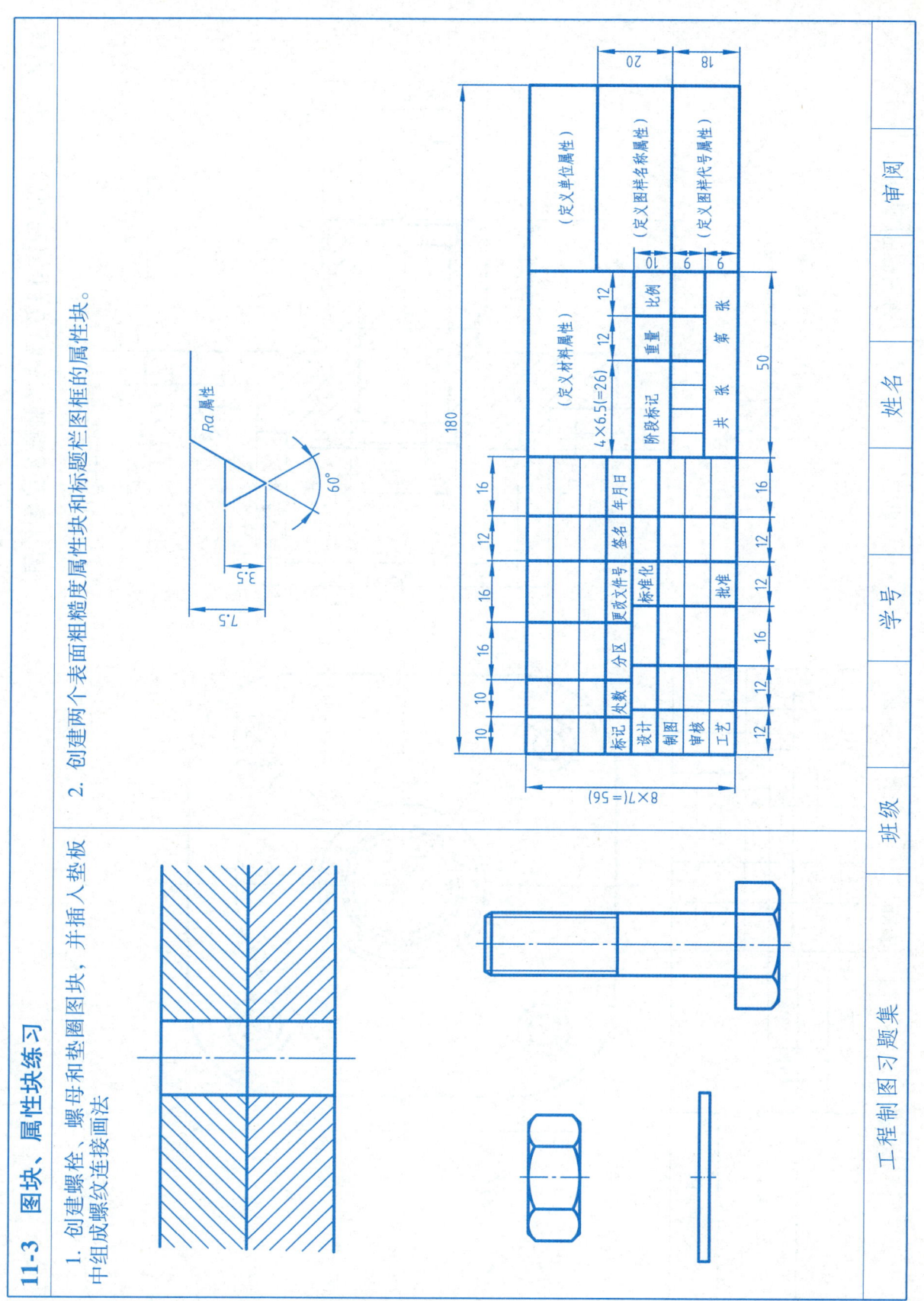

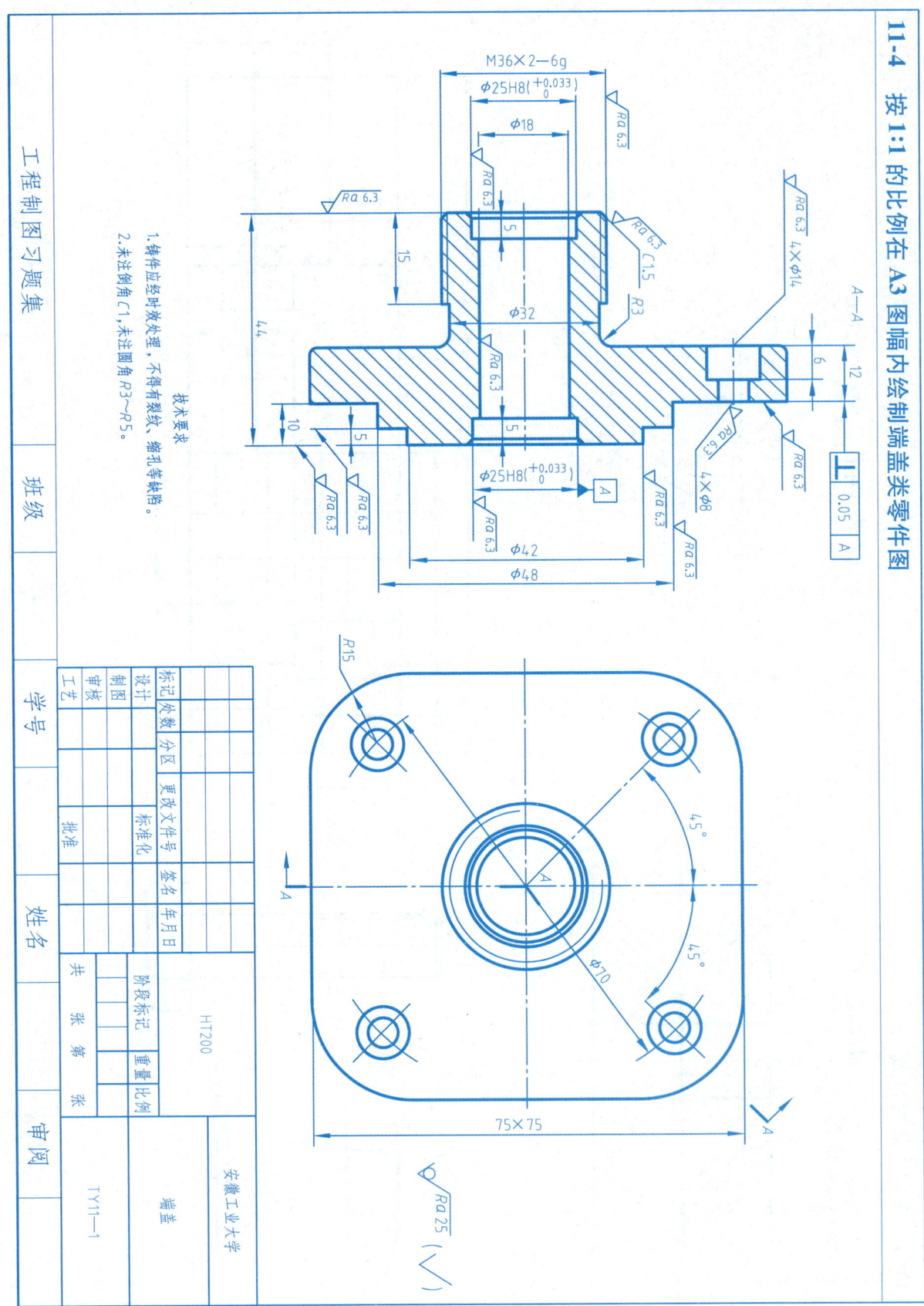

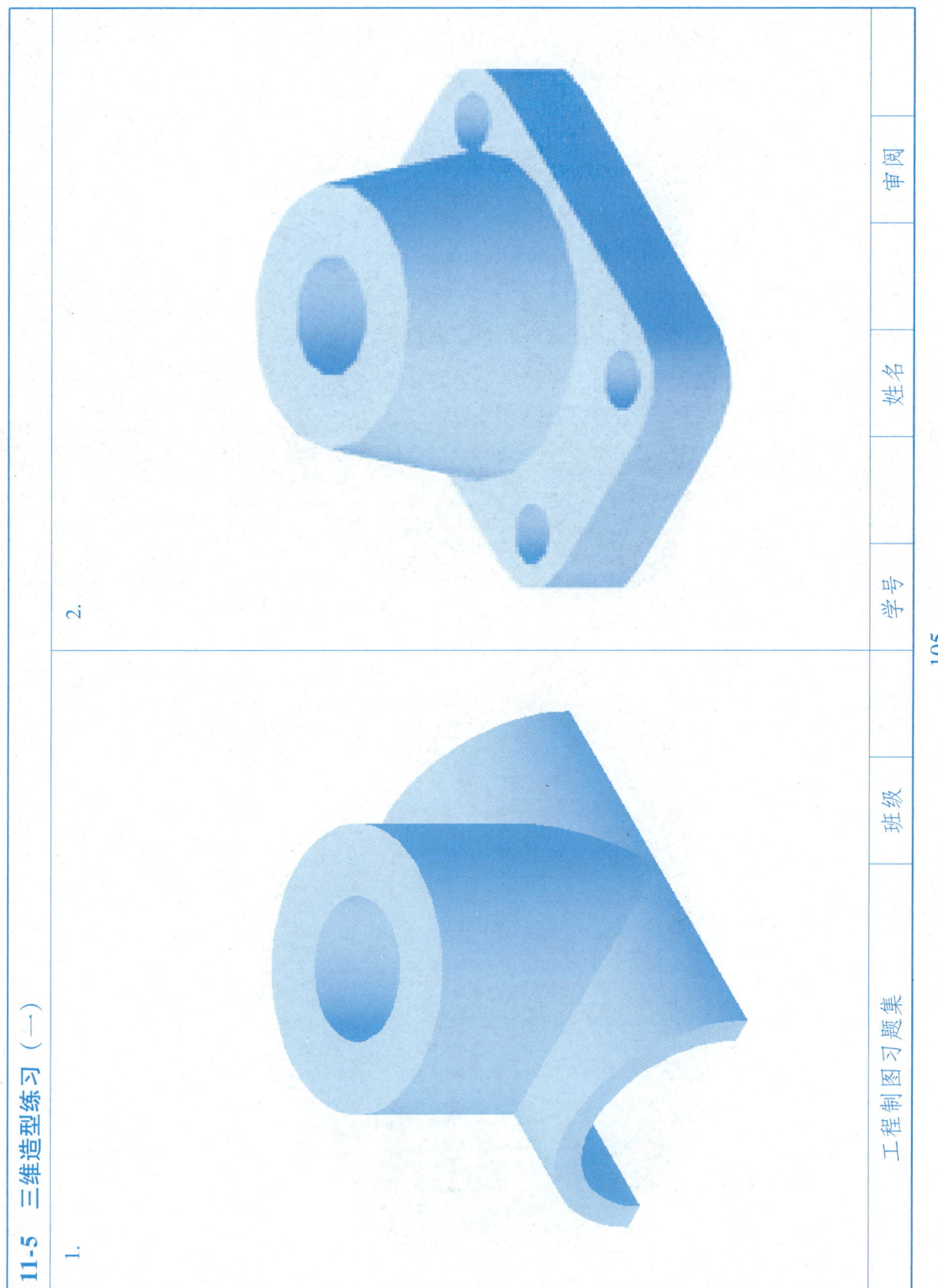

11-5 三维造型练习（二）

3.

4.

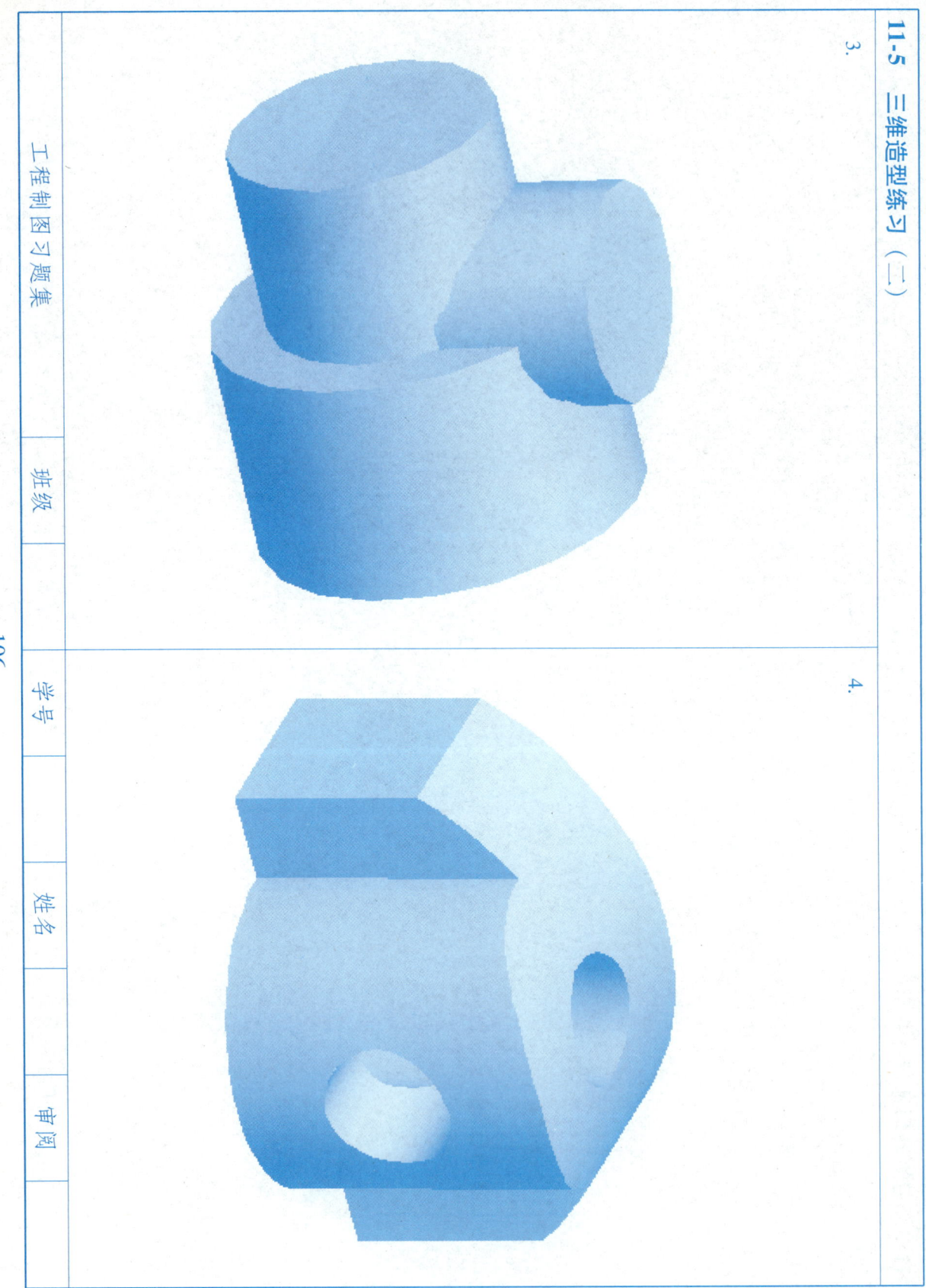

期中自测试题

期中自测试题（一）

1. 选出正确的答案并将其字母标号填入括号内。(8分)

(1) 直线 AB 是 (   )。
A. 正平线 B. 侧平线
C. 侧垂线 D. 一般位置直线

(2) 平面 ABC 是 (   )。
A. 正平面 B. 侧平面
C. 侧垂面 D. 一般位置平面

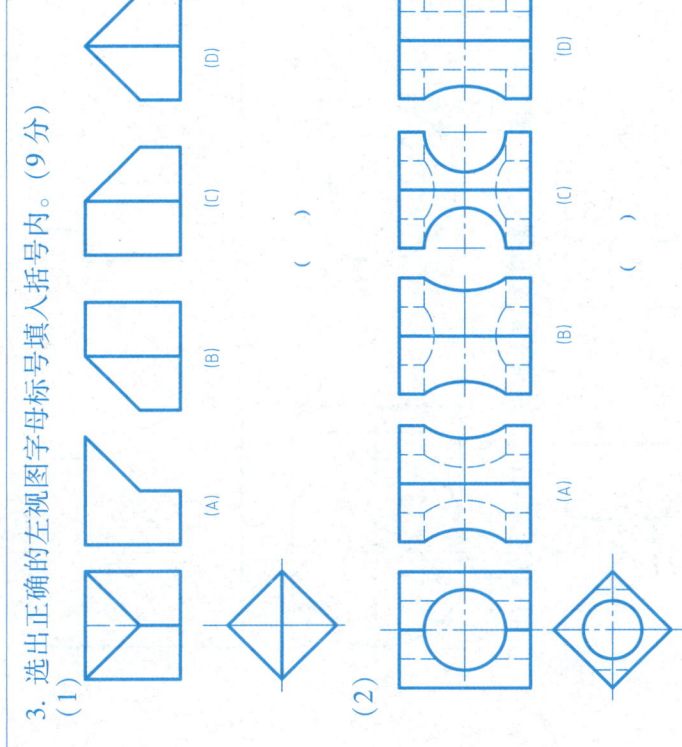

(3) 反映直线 AB 的 β 角和 γ 角是 (   )。
A. 角 1 和角 3
C. 角 3 和角 4

(4) 线段 KM 在 △ABC 平面内的是 (   )。
B. 角 2 和角 3
D. 角 4 和角 1

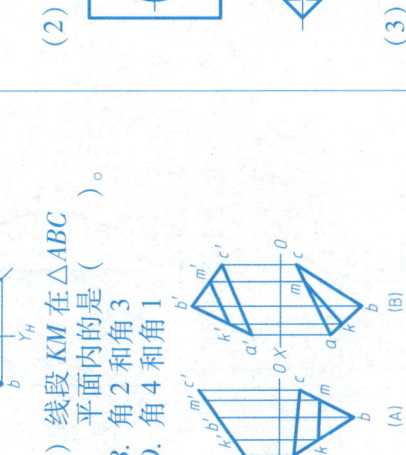

3. 选出正确的左视图字母标号填入括号内。(9分)

(1)
(A) (B) (C) (D)
(   )

(2)
(A) (B) (C) (D)
(   )

(3)
(A) (B) (C) (D)
(   )

2. 已知直线 MN 与 △ABC 平行，试完成 △ABC 的水平投影。(9分)

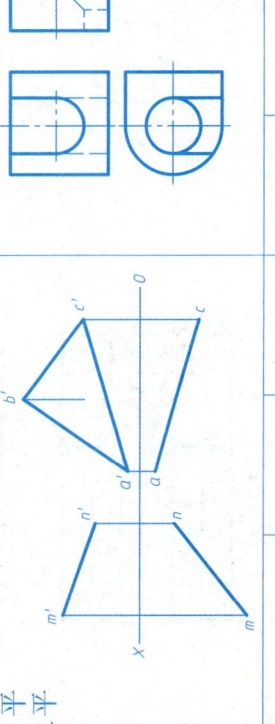

| 工程制图习题集 | 班级 | 学号 | 姓名 | 审阅 |

107

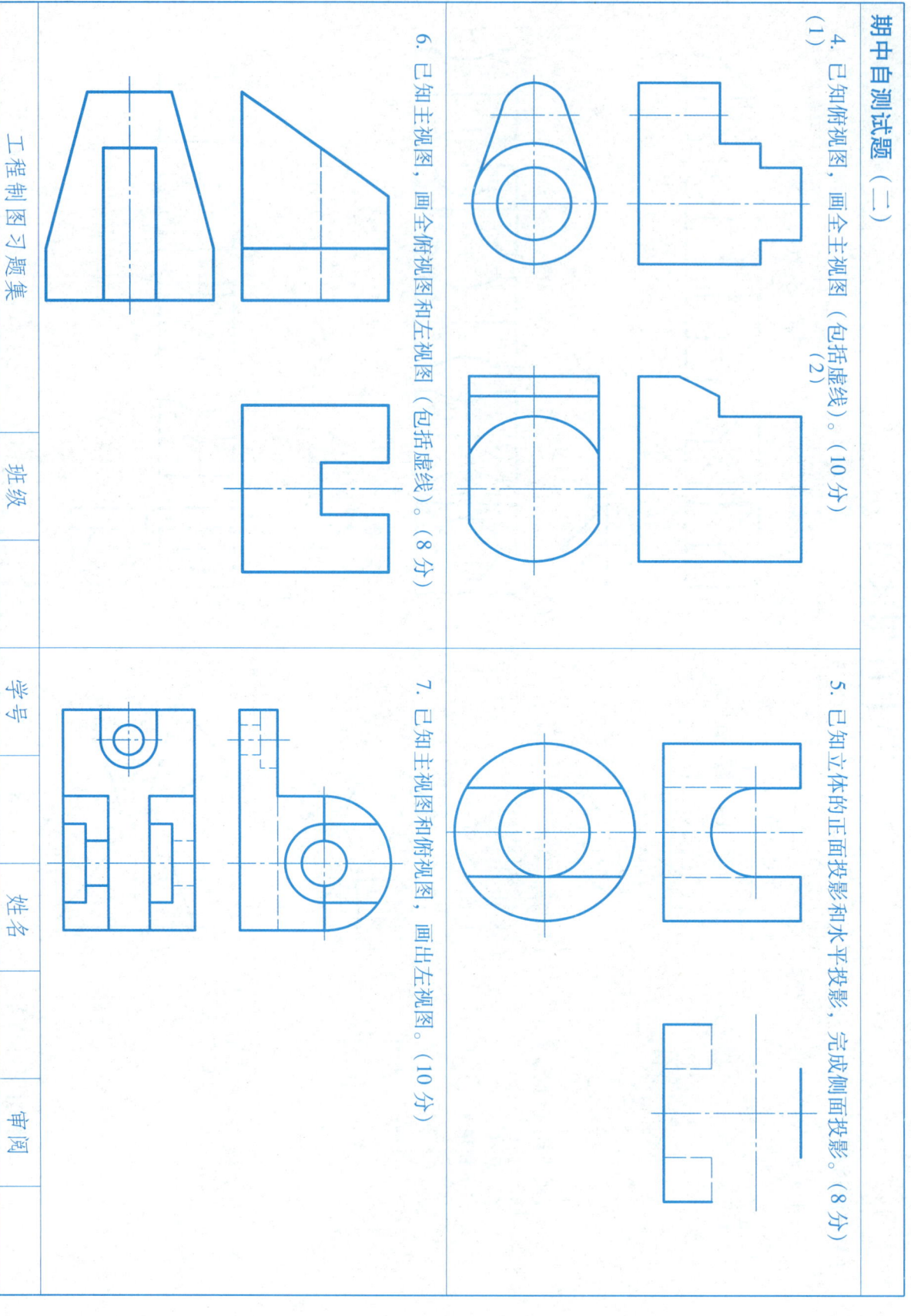

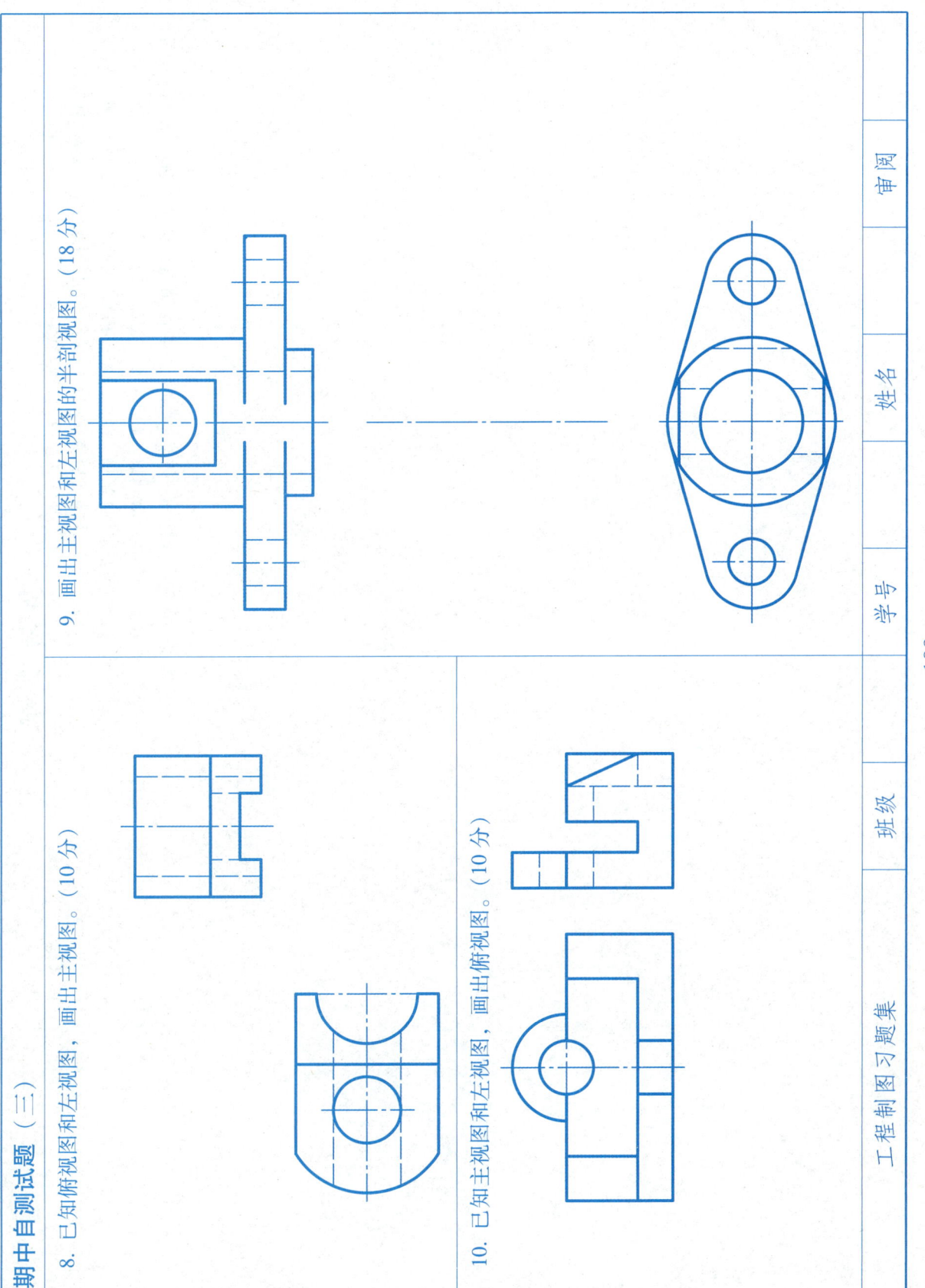

参 考 文 献

[1] 仝基斌, 晏群. 机械制图习题集 [M]. 北京：机械工业出版社, 2008.
[2] 仝基斌, 冯秋官. 工程制图习题集 [M]. 北京：机械工业出版社, 2005.
[3] 杨惠英, 王玉坤. 机械制图习题集 [M]. 北京：清华大学出版社, 2002.
[4] 浙江大学. 画法几何与工程制图试题库 [M]. 北京：高等教育出版社, 2002.